SingLiesel

Über die Autorin:
Natali Mallek ist Dipl.-Sozialpädagogin, Gedächtnistrainerin (BVGT) und hat einen Master of Arts im Studiengang „Alternde Gesellschaften" an der TU-Dortmund gemacht. Sie ist u. a. Gründerin und Hauptautorin der Internetseite „mal-alt-werden.de". Ihr Schwerpunkt liegt auf der Aktivierung und Beschäftigung von Senioren und Menschen mit Demenz.

Druck: FINIDR, Czech Republic
Satz: Satz für Satz, Wangen im Allgäu
Umschlaggestaltung: Röser MEDIA GmbH & Co. KG, Karlsruhe
ISBN 978-3-944360-96-6

2. Auflage

www.singliesel.de

Hinweis:
Alle Übungsvorschläge in diesem Buch sind aus der Praxis heraus entstanden und vielfach erprobt. Bitte vergessen Sie aber nicht, dass jeder Mensch, mit dem Sie als Übungsleiter oder Übungsleiterin Gedächtnistraining machen, seine spezielle Tagesform und seine einzigartige Biografie mitbringt, die Sie dabei vielleicht berücksichtigen müssen. Nicht jede Übung passt für jeden.
Die Autorin und der Verlag haften nicht für etwaige Personen- oder Sachschäden.

Gedächtnistraining nach Jahreszeiten

Natali Mallek

Inhalt

Vorwort

1 Närrische Zeiten

2 Neues Leben

3 *Osterfeuer*

4 *Mama ist die Beste*

5 *Krabbelviecher*

6 Fruchtsalat

7 Herbstspaziergang

8 Erntefest

9 Kaminabend

10 Weihnachtsglück

11 Schneegestöber

Vorwort

Gedächtnistraining nach Jahreszeiten

Die Jahreszeiten geben dem Jahr seine Struktur und fordern unsere Sinne und unsere Wahrnehmung. Wir riechen, schmecken, fühlen und erleben jede Jahreszeit auf eine ganz individuelle Art und Weise. Wenn unsere Sinne gefordert sind, läuft unser Gehirn auf Hochtouren. Es verarbeitet, ordnet, bewertet und speichert permanent Informationen. Was liegt also näher, als Gedächtnistraining und Aktivierungen für Senioren mit jahreszeitlichen Themen zu verknüpfen?

Faustregeln für ein gelungenes Gedächtnistraining

Jeder Mensch ist anders, und jeder Teilnehmer, jede Teilnehmerin ist unterschiedlich. Wie bei jeder Aktivierung ist es daher wichtig, die individuellen Bedürfnisse des Einzelnen im Blick zu haben. Es gibt aber dennoch einige grundsätzliche Regeln, die vielen Menschen helfen, Spaß und Freude am Gedächtnistraining zu erleben.

1. **Leichter Start und entspannendes Ende.** Für den ersten Schritt einer Bergbesteigung braucht man in der Regel noch keine Kletterhaken und kein Sauerstoffzelt. Bei einem Gedächtnistraining ist es ähnlich. Eine einfache Übung am Anfang des Gedächtnistrainings ermöglicht den Teilnehmern den leichten Einstieg in das Thema. Ein Erfolgserlebnis erhöht die Motivation. Am Ende der Trainingseinheit sorgt ein angenehmer, entspannender Abschluss dafür, dass das Gedächtnistraining in positiver Erinnerung bleibt, und dies motiviert für weitere Trainingseinheiten.

2. **Abwechslungsreich.** Vielfältige Themen, neue Übungen und eine fantasievolle Gestaltung desGedächtnistrainings wecken Neugier bei den Teilnehmern. Als Übungsleiter(in) ist man im Gedächtnistraining immer auch ein bisschen für die Unterhaltung der Teilnehmer zuständig. Positive Emotionen erleichtern das Lernen und Üben.

3. **Verschiedene Trainingsbereiche.** Die Übungen in diesem Buch orientieren sich grob an den zwölf Trainingsbereichen des Bundesverbands für Gedächtnistraining: Assoziatives Denken, Denkflexibilität, Fantasie und Kreativität, Formulierung, Konzentration, Urteilsfähigkeit, Logisches Denken, Merkfähigkeit, Strukturieren, Wahrnehmung, Wortfindung, Zusammenhänge erkennen. Sie beziehen aber auch die besonderen Bedürfnisse von älteren Teilnehmern und Menschen mit Demenz ein. Um die Konzentration zu erleichtern und der Ermüdung der Teilnehmer vorzubeugen, ist es sinnvoll, in jede Trainingseinheit Übungen aus unterschiedlichen Bereichen zu integrieren.

4. **Verschiedene Arbeitsformen.** Übungen können allein, mit einem Partner oder in der Gruppe bearbeitet werden. Manche werden mündlich, andere schriftlich präsentiert. Die Arbeit im Plenum steht bei Menschen mit Demenz im Vordergrund. Hier ist es besonders wichtig, den Einzelnen nicht unter Leistungsdruck zu setzen. Im Plenum zu arbeiten hilft, Leistungsdruck zu minimieren. Ein Beispiel: Wenn ein Einzelner etwas gefragt wird und die Antwort nicht weiß, so wird das von den meisten Menschen als beschämender empfunden, als wenn eine Gruppe etwas gefragt wird und sich ein Einzelner nicht dazu äußern kann.

5. **Verschiedene Hilfsmittel nutzen.** Gedächtnistraining darf anschaulich sein. Es lohnt sich, realistisches Anschauungsmaterial mitzubringen. Das Interesse kann leichter wachgehalten werden, wenn man unterschiedliche Moderationswerkzeuge wie Tafel und Flipchart nutzt. Wenn es möglich ist, individuelle Hilfestellung anzubieten, kann man oft auch bei Menschen mit beginnender Demenz noch gut Arbeitsblätter einsetzen.

6. **Verschiedene Schwierigkeitsgrade.** Seltsamerweise haben manche Menschen die Vorstellung, dass in einem Gedächtnistraining jede Übung und Aufgabe schnell bewältigt werden muss. Das wäre für die Teilnehmer aber keine Herausforderung. Es ist in Ordnung, wenn man eine Antwort nicht weiß! Und man darf an Übungen ruhig eine Zeitlang „knacken"! Wichtig ist nur, dass es auch Übungen gibt, die leichter fallen, das Selbstvertrauen stützen und durch Erfolgserlebnisse die Motivation aufrechterhalten und stärken.

7. **Wenig Über- und Unterforderung.** Selbstverständlich hätte ich bei dieser Faustregel auch das Wort „keine" anstelle von „wenig" benutzen können. Da ich allerdings davon ausgehe, dass viele Leser das Buch nutzen, um es in Einrichtungen der Altenhilfe einzusetzen, halte ich das nicht für realistisch. Es gibt sehr wenige Einrichtungen, in denen es wirklich gelingt, Kleingruppen zu bilden, in denen die Teilnehmer alle das gleiche Leistungsniveau haben. Gerade wenn sich Über- und Unterforderung nicht gänzlich vermeiden lassen, ist es wichtig, dass Sie als Übungsleiter(in) den Einzelnen im Blick haben. Die Frustrationstoleranz der Menschen ist sehr unterschiedlich. Solange ein Mensch Freude am Gedächtnistraining hat, ist es das richtige Angebot. Wenn ein Mensch keine Freude am Gedächtnistraining hat, ist es das falsche Angebot.

8. **Bewegungs- und Entspannungselemente einbauen.** Ganzheitlichkeit ist im Moment ein in meinen Augen etwas überstrapazierter Begriff. Aber es gibt ihn natürlich auch beim Gedächtnistraining. Bewegung gehört zu einem gelungenen Gedächtnistraining immer dazu. Es ist auch wissenschaftlich untersucht, dass Bewegung die Wirksamkeit eines Gedächtnistrainings unterstützt[1]. Eine Geschichte, ein Gedicht, ein Witz, eine Fantasiereise oder das Hören bzw. Singen eines Liedes können die Entspannung beim Gedächtnistraining unterstützen.

---

[1] Oswald, W./Hagen, B. (2002): Gedächtnistraining – auch im Alter geistig fit bleiben.
URL: http://www.bagso.de/publikationen/bagsonachrichten/archiv/2002-01/02-01-03.html [Stand: 18.02.2016]

Jahreszeitliches Gedächtnistraining und Menschen mit Demenz

Menschen mit Demenz bilden eine besondere Zielgruppe innerhalb der Menschen, die an einem Gedächtnistraining teilnehmen. Die Einbeziehung jahreszeitlicher Themen erleichtert Menschen mit demenziellen Erkrankungen die Orientierung im Jahreskreis. Natürlich kann auch ein jahreszeitlicher Bezug keine Wunder vollbringen. Trotzdem bringen kleine Elemente wie kleine Lämmer im Frühling, krabbelige Käfer im Sommer, Erntefrüchte im Herbst oder Schneeflocken im Winter viel Vertrautes mit in ein Gedächtnistraining.

Ein kleines Fallbeispiel:
Frau Pohlmann hat eine Alzheimer-Demenz. Sie wohnt in einem Seniorenheim und besucht schon seit ihrem Einzug vor drei Jahren das wöchentliche Gedächtnistraining. Die Übungen, an denen sie aktiv teilnimmt, werden von Termin zu Termin weniger. Im Dezember bietet die Übungsleitung eine Übungsstunde zum Thema „Schnee" an. Dazu, bringt sie ein paar Eiswürfel mit, um ein Gespräch über „Kälte" anzuregen. Frau Pohlmann hält ihre Finger vorsichtig in die Schale mit den Eiswürfeln und fängt an, von dem Dorf ihrer Kindheit zu erzählen. Dort ist Frau Pohlmann als Kind immer Schlittschuh gelaufen auf dem zugefrorenen Weiher.. Sie erinnert sich noch sehr genau daran, wie ihre Finger beim Schlittschuhlaufen steif vor Kälte wurden und wie sie beim Heimkommen plötzlich ganz heiß waren und anfingen zu kribbeln. Frau Pohlmanns Teilnahme an dem Gedächtnistraining hat sich schon durch das Wecken dieser Erinnerung gelohnt.

Für Frau Pohlmann ist die Teilnahme am Gedächtnistraining ein Ritual geworden. Sie auszuschließen ist nicht nötig, solange sie durch die Teilnahme nicht frustriert wird. Das heißt natürlich nicht, dass Sie Menschen mit fortgeschrittener Demenz in ein klassisches Gedächtnistraining mit Übungen integrieren sollen. Gedächtnistraining macht so lange Sinn, wie die Teilnehmer Erfolgserlebnisse und Spaß haben. Bei der Arbeit mit Menschen mit Demenz, auf die dies zutrifft, hat es sich bewährt, folgende Punkte zu berücksichtigen.

- **Alltagsnah.** Themen und Übungen für Menschen mit Demenz orientieren sich am echten Leben und sind nicht abstrakt.
- **Thematisch.** Eine thematische Orientierung ist förderlich für die Konzentration und weckt, bei der richtigen Themenauswahl, das Interesse der Teilnehmer.
- **Rituale.** Zu Beginn und zum Ende immer das gleiche Lied zu singen, eine Klangschale anzustimmen oder Ähnliches erleichtert Menschen mit Demenz die Wiedererkennung des Angebots.

- **Reale Dinge einbauen.** Durch den Einsatz realer Dinge lassen sich am besten mehrere Sinne einbeziehen. Es ist besser, einen Apfel mitzubringen, als ein Bild von einem Apfel zu zeigen. Es ist besser, ein Bild von einem Apfel zu zeigen, als nur von einem Apfel zu reden.

- **Musik.** Der Einsatz von Musik gilt als „Königsweg" in der Betreuung von Menschen mit Demenz. Im Gedächtnistraining gibt es viele Möglichkeiten, diesen Königsweg mit einzubauen.

- **Erfolgserlebnisse.** Es wurde bereits erwähnt, aber es ist so wichtig, dass eine Wiederholung an dieser Stelle erlaubt sein soll: Ein Gedächtnistraining ist so lange sinnvoll, wie der Teilnehmende Spaß und Erfolgserlebnisse hat. Wenn ein Teilnehmer keine Erfolgserlebnisse mehr hat, ist Gedächtnistraining das falsche Angebot.

Wie die Übungen aufgebaut sind

Die vorgestellten Übungen wurden jeweils zu einem Thema zusammengestellt. Die meisten Übungen können sowohl in Einzelarbeit als auch in der Kleingruppe durchgeführt werden. Sie lassen sich einzeln nutzen oder zu einer Übungsstunde kombinieren. Durch die Auswahl der passenden Bausteine kann die Übungsleitung die Besonderheiten und Vorlieben der Teilnehmer berücksichtigen. Zusätzlich wurde gekennzeichnet, für welche Teilnehmer sich jede Übung eignet:

- Rot: für fitte Teilnehmer
- Gelb: für untrainierte Teilnehmer
- Grün: für Menschen mit beginnender Demenz

Eine Anzahl von Übungen trägt alle drei Farbmarkierungen. Der Unterschied liegt dann in der Ausführung: wie lange man sich mit einer Übung beschäftigt, wie schnell sie ausgeführt wird oder wie viel Unterstützung die Teilnehmer brauchen. Beachten Sie bitte, dass Pauschalaussagen zum Schwierigkeitsgrad einer Übung nicht zwangsläufig auch zu Ihren Teilnehmern passen müssen. Wägen Sie immer selbst ab, welcher Schwierigkeitsgrad für Ihre Teilnehmer bei welcher Übung angemessen ist. Wenn einzelne Übungen auch in der leichten Version zu schwierig erscheinen, dann verzichten Sie auf die Durchführung.

Sie kennen Ihre Teilnehmer am besten!

Die Übungen zu einem Thema decken bestimmte Trainingsbereiche ab. Natürlich ist die Aufteilung
in Trainingsbereiche theoretischer Natur. Es gibt keine Übung, die nur einen einzigen Trainingsbereich abdeckt.

Mit allen Sinnen: Die vorgestellten Übungseinheiten beginnen jeweils mit Vorschlägen für die Einbeziehung realer Gegenstände. Beim Anschauen und betasten der Gegenstände werden Erinnerungen geweckt. Bei manchen Themen finden Sie weitere Vorschläge, um die Sinne im Verlauf des Gedächtnistrainings mit den realen Gegenständen zu aktivieren.

Assoziieren: Unser Gehirn ist den ganzen Tag damit beschäftigt, Informationen miteinander zu verknüpfen. Bei den Assoziationsübungen geht es darum, dieses Verknüpfen gezielt hervorzurufen.

Mit Fantasie: Übungen zu Fantasie und Kreativität fallen manchen Senioren schwer. Umso wichtiger ist es, diese Übungen in das Gedächtnistraining zu integrieren.

Musik: Musik verleiht dem Gedächtnistraining Leichtigkeit und weckt Emotionen. Für die Arbeit mit Menschen mit Demenz gilt die Musik als Königsweg, da sie fest mit Emotionen und Erinnerungen verknüpft ist.

In Worte fassen: Bei vielen Übungen im Gedächtnistraining muss formuliert werden. Bei den Übungen mit dem Trainingsbereich „In Worte fassen" wird diese Fähigkeit auch ganz gezielt trainiert.

Konzentrieren: Konzentration ist die Fähigkeit, die Aufmerksamkeit zu fokussieren.

Urteilen: Beim Urteilen geht es nicht darum, etwas zu wissen, sondern es geht darum, Wahrscheinlichkeiten abzuwägen.

Merken: Der Trainingsbereich, den die meisten zuerst mit Gedächtnistraining verbinden, ist ebenfalls Teil der vorgestellten Übungen.

Bewegung: Denken Sie immer daran, dass Bewegung das Gedächtnistraining erfolgreicher macht.

Struktur und Zusammenhang: Dinge einordnen, strukturieren und zuordnen zu können, ist eine wichtige Alltagsfertigkeit.

Worte finden: Bei leichten Wortfindungsstörungen sind Wortfindungsübungen ein gutes Training.

Wissen: Im Leben gelerntes Wissen ist in unserem Langzeitgedächtnis verankert. Wissen, das abgerufen wird, bleibt einem länger erhalten.

Entspannung: Entspannende Elemente während des Gedächtnistrainings und ein entspannender Ausklang sind wichtig für ein gelungenes Gedächtnistraining.

I Närrische Zeiten

Einmal im Jahr in eine andere Rolle schlüpfen. Den Alltag vergessen und verkleidet in die Welt der Narren schlüpfen. Überall auf unserem Globus hat Karneval, Fasching oder die Fastnacht begeisterte Anhänger. In welche Rolle würden Sie am liebsten einmal schlüpfen?

Überblick über die Bausteine für das Gedächtnistraining zu dem Thema „Närrische Zeiten"

Karneval und biografische Anknüpfungspunkte

Trainingsbereiche:	Mit allen Sinnen Assoziieren In Worte fassen Worte finden
Material:	Materialien rund um das Thema Karneval, z. B. Hüte, Perücken, Accessoires von Kostümen, Schminkstifte, Luftschlangen, Konfetti
Zeit:	ca. 15 - 20 Minuten
Vorbereitung:	Das Material wird von der Übungsleitung so platziert, dass alle Teilnehmenden es gut sehen können.

DURCHFÜHRUNG:

Materialien rund um den Karneval werden in die Mitte des Tischs gelegt. Aufkeimende Gespräche können durch gezielte Fragestellungen oder das Vorlesen einer Anekdote (s. u.) weiter angeregt werden.

Beispiele für Fragen:

- Haben Sie sich an Karneval schon einmal verkleidet?
  Wenn ja:
  → Als was?
  → Haben Sie Ihr Kostüm selbst gemacht oder gekauft?
- Waren Sie schon einmal auf einem Faschingsumzug?
- Gab es in Ihrem Ort einen Karnevalsumzug?
- Kommen Sie aus einer Region, in der Fastnacht gefeiert wird?
- Haben Sie schon einmal an einer Karnevalssitzung teilgenommen?
- Wurden an Karneval bei Ihnen besondere Lieder gehört?
- Gab es zu Karneval besondere kulinarische Spezialitäten?
  Wenn ja:
  → Welche?

Anekdote:

Diese Anekdote kann vorgelesen werden, um bei den Teilnehmenden Erinnerungen zu wecken.

Eigentlich komme ich aus einer Region, in der Karneval keine besondere Rolle spielt. Es gab allerdings ein Jahr, in dem ich meine Tante in Köln besuchte, das war kurz nach dem Krieg. Obwohl die Stadt noch ganz zerstört war, haben sich viele Menschen an Rosenmontag verkleidet. Einen offiziellen Karnevalsumzug gab es nicht, aber wir feierten in den Straßen, und man spürte die Lebensfreude, die durch die gebeutelte Stadt pulsierte. In der Karnevalszeit muss ich immer wieder daran denken.

Alternative ohne Material

DURCHFÜHRUNG:

Die Teilnehmenden betrachten das folgende Bild anstelle des Materials.

Sammlung: Kostüme mit Hüten

Trainingsbereiche:	Assoziieren Worte finden Wissen
Material:	Flipchart, Tafel oder Zettel
Zeit:	ca. 5 Minuten
Vorbereitung:	keine

DURCHFÜHRUNG:

Die Teilnehmenden überlegen sich Faschingskostüme, zu denen Hüte oder andere Kopfbedeckungen gehören. Die Übungsleitung notiert die Vorschläge auf Flipchart, Tafel oder Zettel.

Lösungsvorschläge

- Koch
- Feuerwehrmann
- Polizist
- Clown
- Zauberer
- Zirkusdirektor
- Wikinger
- Zwerg
- Pirat
- Mexikaner
- Cowboy

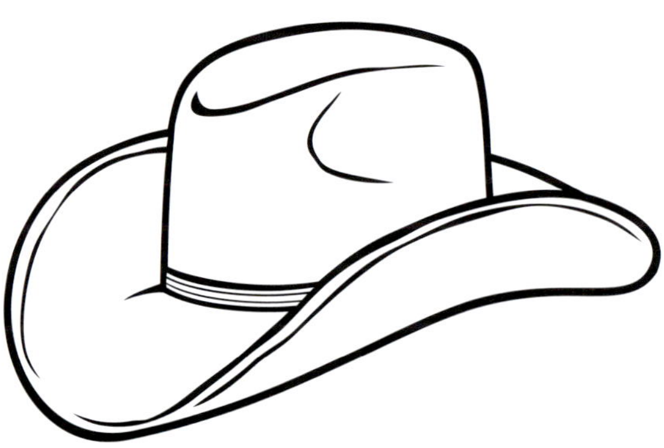

Welche Verkleidung passt dazu?

Trainingsbereiche:	Mit Fantasie Worte finden Assoziieren
Material:	kleine Accessoires für Verkleidungen, z. B.: Tücher, verschiedene Kopfbedeckungen, Broschen, Ketten, Ohrring, Ringel-T-Shirt, Blume …
Zeit:	ca. 12 Minuten
Vorbereitung:	Das Material wird auf den Tisch gelegt.

DURCHFÜHRUNG:

Die Übungsleitung bittet jeden Teilnehmer, sich eines der Verkleidungsaccessoires zu nehmen. Die Teilnehmer nennen eine oder mehrere Verkleidungen, zu denen das Accessoire passen würde.

Schwere Variante:

DURCHFÜHRUNG:

Die Verkleidung, zu der das Accessoire passt, soll möglichst genau beschrieben werden.

„Mein Hut, der hat drei Ecken“ mit Bewegungen

Trainingsbereiche:	Musik Bewegen Wissen Konzentrieren
Material:	keins
Zeit:	ca. 10 Minuten
Vorbereitung:	keine

DURCHFÜHRUNG:

Die Übungsleitung singt gemeinsam mit den Teilnehmenden das Lied „Mein Hut, der hat drei Ecken". Der Text wird mit Bewegungen untermalt (s. u.).
Singen Sie das Lied mehrmals zusammen. Sobald sich die Teilnehmer die Bewegungen gemerkt haben, lassen Sie bei jeder Wiederholung ein Wort mehr weg, für das eine Bewegung gemacht wird. Die Bewegungen werden trotzdem ausgeführt! (1. Wiederholung: „mein" weglassen, 2. Wiederholung: „mein" + „Hut" weglassen, usw.)

Text

Mein Hut, der hat drei Ecken,
drei Ecken hat mein Hut.
Und hätt er nicht drei Ecken,
so wär's auch nicht mein Hut.

Bewegungen

mein → sich selbst auf die Brust zeigen
Hut → sich auf den eigenen Kopf tippen
drei → 3 Finger hoch halten
Ecken → mit beiden Händen ein Dreieck formen
nicht → Kopf schütteln

Schätzfragen rund um Karneval

Trainingsbereiche: Urteilen
Wissen
Konzentrieren

Material: keins

Zeit: ca. 4 Minuten

Vorbereitung: keine

DURCHFÜHRUNG:

Die Übungsleitung bittet die Teilnehmenden, die folgenden Fragen mit einer Schätzung zu beantworten. Nachdem jeder, der möchte, eine Schätzung abgegeben hat, wird aufgelöst. Machen Sie Ihren Teilnehmern klar, dass sie die Antwort nicht wissen müssen. Es ist wirklich nur eine Einschätzung gefragt.

Schätzfragen zum Thema Karneval

- Wie viele Unternehmen in Deutschland leben ganzjährig vom Karneval?
  → **3000**
- Welche Stadt der Welt zieht mit ihren Karnevalsumzügen die meisten Besucher an?
  → **Rio**
- Welche deutsche Stadt zieht mit ihren Karnevalsumzügen die meisten Besucher an?
  → **Köln**
- Wie viel Prozent der Deutschen nennen Karneval „Fastnacht" oder „Fassenacht"?
  → **15 %**
- Wie viel Prozent der Deutschen nennen Karneval „Fasching"?
  → **44 %**
- Wie viele Tafeln Schokolade werden beim Kölner Karnevalsumzug geworfen?
  → **700.000 Tafeln**
- In welcher Stadt sind die Hotelkosten rund um Karneval am höchsten?
  → **Venedig**
- Wie viele Millionen werden in Deutschland in der Karnevalszeit erwirtschaftet?
  → **2000**

Quelle: http://www.faz.net/aktuell/finanzen/meine-finanzen/geld-ausgeben/karneval-in-zahlen-alaaf-und-helau-14057179/infografik-alaaf-und-helau-14057158.html (Stand 6.05.2017)

Sätze bilden

Trainingsbereiche:	In Worte fassen Worte finden Mit Fantasie
Material:	Wortkarten (Seite 23)
Zeit:	ca. 7 Minuten
Vorbereitung:	Wortkarten einmal kopieren und ausschneiden. Nach Möglichkeit für den mehrfachen Gebrauch laminieren.

DURCHFÜHRUNG:

Die Karten werden verdeckt auf dem Tisch ausgelegt – die „Kostüm"-Karten (Clown, Zauberer …) getrennt von den anderen. Reihum ziehen die Teilnehmenden aus jedem Bereich eine Karte. Dann erfinden sie einen Satz, in dem beide Wörter vorkommen.

Beispiele

→ Karten: Clown, Korb
  Der Clown stolpert über einen Korb mit Tomaten.
→ Karten: Zauberer, Flasche
  Der Zauberer zaubert das Kaninchen heute mal aus einer Flasche.

Leichte Variante:

DURCHFÜHRUNG:

Es werden nur die „Kostüm"-Karten verdeckt ausgelegt. Jeder Teilnehmer zieht eine Karte. Dann formuliert er einen Satz mit dem daraufstehenden Wort.

Clown	Dose
Zauberer	Flasche
Cowboy	Kaninchen
Prinzessin	Nase
Wikinger	Hut
Engel	Popcorn
Polizist	Schiff
Biene	Wolke
Koch	Korb
Feuerwehrmann	Auto

Arbeitsblatt: Doppelte Verkleidung

Trainingsbereiche: Konzentrieren
Struktur und Zusammenhang

Material: Kopien des Arbeitsblatts (Seite 25)
ein Stift für jeden Teilnehmer

Zeit: ca. 6 Minuten

Vorbereitung: Arbeitsblatt in ausreichender Anzahl kopieren

DURCHFÜHRUNG:

Die Übungsleitung verteilt die Arbeitsblätter und bittet die Teilnehmenden, die Aufgabe zu lösen. Die Lösung wird anschließend im Plenum besprochen.

Lösung:

→ A1 und C4 (Zylinder)
→ A2 und C2 (Clownsnase)
→ A3 und C1 (Cowboyhut)
→ A4 und B2 (goldene Fliege)
→ B1 und B3 (Krawatte)
→ B4 und C3 (Krone)

In der Tabelle ist jedes Bild zweimal abgebildet.
Wo finden Sie dieselben Bilder?

	1	2	3	4
A				
B				
C				

Lösung: A1 *und* ________________

Lösung: ____________________

Lösung: ____________________

Lösung: ____________________

Lösung: ____________________

Lösung: ____________________

Karnevalsvereine: Namen merken

Trainingsbereiche:	Merken Konzentrieren
Material:	Kopien des Arbeitsblatts (Seite 27) 1 Stift für jeden Teilnehmer
Zeit:	ca. 6 Minuten
Vorbereitung:	Arbeitsblatt in ausreichender Anzahl kopieren und quer in der Mitte falten.

DURCHFÜHRUNG:

Die Übungsleitung verteilt die gefalteten Arbeitsblätter so, dass die Seite mit den Namen der Karnevalvereine oben liegt. Die Teilnehmenden betrachten diese Seite eine halbe Minute lang und versuchen, sich die Namen einzuprägen.
Anschließend drehen sie das Arbeitsblatt um und tragen die Namen der Karnevalsvereine aus dem Gedächtnis auf den leeren Linien ein.

Leichte Variante:

DURCHFÜHRUNG:

Die Teilnehmenden merken sich den Namen eines Karnevalsvereins, drehen das Arbeitsblatt um und tragen diesen ein. So gehen sie der Reihe nach bei jedem Karnevalsverein vor.

Bund Ruhr-Karneval

Ausschuss Aachener Karneval

Föderation Europäischer Narren

Karnevals-Komitee der Stadt Eschweiler

Vereinigung ostbayer. Faschingsgesellschaften

Narrenring Main-Neckar

Ortenauer Narrenbund

Lotsen für den Karnevalsumzug

Trainingsbereiche:	Konzentrieren
Material:	keins
Zeit:	ca. 5 Minuten
Vorbereitung:	keine

DURCHFÜHRUNG:

Der Karnevalsumzug wird in diesem Jahr wegen Bauarbeiten einen anderen Weg nehmen als gewöhnlich. Damit die Umzugswagen den Weg auch finden, wurde ein Lotse damit beauftragt, ihnen den Weg zu weisen. Die Übungsleitung übernimmt die Rolle des Lotsen und sagt abwechselnd verschiedene Richtungen an. Die Teilnehmenden sollen in die entsprechende Richtung zeigen. Die Übungsleitung wechselt immer wieder die Reihenfolge und erhöht allmählich das Tempo der Ansagen.

→ Die Richtungen sind: **vorwärts, rückwärts, links, rechts**

Schwere Variante:

DURCHFÜHRUNG:

In der ersten Spielrunde zeigen die Teilnehmenden immer in die Richtung, die die Übungsleitung nennt. In der zweiten Runde zeigen die Teilnehmer jeweils in die entgegengesetzte Richtung.

Verkleidungen: Anderer Name gesucht!

Trainingsbereiche:	Worte finden Konzentrieren Wissen
Material:	keins
Zeit:	ca. 3 Minuten
Vorbereitung:	keine

DURCHFÜHRUNG:

Die Übungsleitung liest nacheinander die folgenden Umschreibungen bzw. Synonyme vor. Die Teilnehmenden sagen, welche Verkleidung damit gemeint ist.

Umschreibung:	→	**Lösung:**
Stubentiger	→	Katze
Auge des Gesetzes	→	Polizist
Gott in Weiß	→	Arzt
weiblicher Zauberer	→	Hexe
König der Tiere	→	Löwe
Himmelsbote	→	Engel
Imme	→	Biene

Schwere Variante:

DURCHFÜHRUNG:

Die Übungsleitung liest anstelle der Umschreibung die Lösung vor. Die Teilnehmer denken sich selbst eine Umschreibung oder ein Synonym dafür aus.

Besonderheiten der Karnevals-hochburgen zuordnen

Trainingsbereiche:	Struktur und Zusammenhang Konzentrieren
Material:	Wortkarten (Seite 31)
Zeit:	ca. 6 Minuten
Vorbereitung:	Wortkarten einmal kopieren und ausschneiden. Nach Möglichkeit für den mehrfachen Gebrauch laminieren.

DURCHFÜHRUNG:

Die Übungsleitung mischt die Karten und verteilt sie offen auf einem Tisch. Die Teilnehmenden suchen zu jeder Karte mit einem Ortsnamen eine passende Partnerkarte.
Es ergeben sich dabei zahlreiche Gesprächsanlässe, bei denen Erinnerungen aktiviert werden.

Schwere Variante:

DURCHFÜHRUNG:

Die Übungsleitung verteilt nur die Karten mit den Städtenamen. Die Teilnehmer versuchen, aus ihrem eignen Wissensschatz heraus typische Karnevalsbesonderheiten aus der jeweiligen Stadt zu nennen.

Köln	**Alaaf!**
Düsseldorf	**Helau!**
Rio	**Samba**
Venedig	**Herkulesspiele**
Basel	**Käsewähe**
Mainz	**Fastnachtsbrunnen**
Nizza	**Blumenschlacht**
Wien	**Opernball**

Karnevals-Wörter finden

Trainingsbereich:	Worte finden Assoziieren
Material:	keins
Zeit:	ca. 4 Minuten
Vorbereitung:	keine

DURCHFÜHRUNG:

Die Übungsleitung bittet die Teilnehmenden, so viele Wörter wie möglich zu finden, in denen „Karneval-" vorkommt.

Lösungsbeispiele:

Karnevalskostüm, Karnevalsverein, Karnevalshochburg, Karnevalist, Karnevalszug, Karnevalslied, Karnevalszeit, Karnevalsmaske, Karnevalsprinz, karnevalistisch, Karnevalssitzung, Karnevalsgesellschaft, Karnevalstreiben, Karnevalsveranstaltung

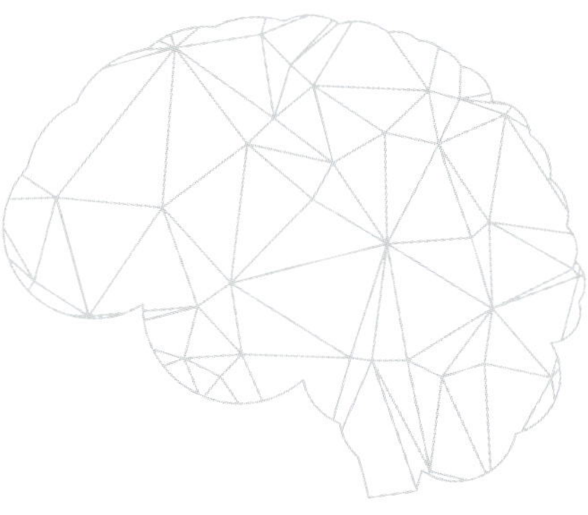

Gemeinsames Hören: „Am Aschermittwoch ist alles vorbei“

Trainingsbereiche:	Musik Entspannung
Material:	CD mit dem Lied „Am Aschermittwoch ist alles vorbei“ von Jupp Schmitz
Zeit:	ca. 5 - 10 Minuten
Vorbereitung:	CD-Player mit CD bzw. Laptop bereitstellen

DURCHFÜHRUNG:

Das Lied „Am Aschermittwoch ist alles vorbei“ von Jupp Schmitz wird gemeinsam angehört.
Dabei darf geschunkelt werden!
Auf Wunsch können Eindrücke, Assoziationen oder Erinnerungen dazu ausgetauscht werden.

2 *Neues Leben*

Nicht nur die Pflanzenwelt erwacht im Frühling zu neuem Leben. Küken, Häschen und auch das eine oder andere Menschenkind werden geboren. Hinzu kommt eine bunte Vogelschar, die uns im Frühling mit ihrem Gezwitscher erfreut. Frühling: Das ist Leben.

Überblick über die Bausteine für das Gedächtnistraining zu dem Thema „Neues Leben"

Neues Leben und biografische Anknüpfungspunkte

Trainingsbereiche: Mit allen Sinnen
Assoziieren
In Worte fassen
Worte finden

Material: Bilder von Babys, Tierbabys und Vögeln (alte Kalenderblätter, Poster aus Apothekenzeitschriften oder Postkarten)

Zeit: ca. 15–20 Minuten

Vorbereitung: Das Material wird von der Übungsleitung so platziert, dass alle Teilnehmer es gut sehen können.

DURCHFÜHRUNG:

Materialien rund ums Thema Neues Leben werden in die Mitte des Tischs gelegt. Aufkommende Gespräche können durch Fragestellungen oder durch das Vorlesen der Anekdote weiter angeregt werden.

Beispiele für Fragen:

- Haben Sie Kinder?
  Wenn ja:
  → Waren es anstrengende oder pflegeleichte Babys?
- Was ist für Sie das Schönste an einem Baby?
- Hat Ihnen Ihre Mutter früher von Ihrer eigenen Geburt erzählt?
  Wenn ja:
  → Was hat sie Ihnen erzählt?
- Waren Sie schon einmal bei einer Geburt eines Tieres dabei?
  Wenn ja:
  → Welches Tier?
  → Wie ist die Geburt verlaufen?
- Erinnern Sie sich an Spaziergänge, bei denen die Vögel gezwitschert haben?
- Haben Sie einen Lieblingsvogel?

Anekdote:

Lesen Sie diese Anekdote vor, um bei den Teilnehmern Erinnerungen zu wecken.

Wir hatten viele Tiere, als ich noch ein Kind war. Wenn der Frühling anfing, wurden die kleinen Lämmer geboren. Wir Kinder haben sie geliebt. Die kleinen weißen Fellknäuel waren einfach zu niedlich. Lange haben die Lämmer allerdings nicht gelebt. Wenn sie geschlachtet wurden, habe ich immer bitterlich geweint, und nichts konnte mich dazu bewegen, das Fleisch zu essen.

Alternative ohne Material

DURCHFÜHRUNG:

Die Teilnehmenden betrachten das folgende Bild anstelle des Materials.

Abc-Sammlung: Vornamen

Trainingsbereiche:	Assoziieren Worte finden Wissen
Material:	Flipchart, Tafel oder Zettel
Zeit:	ca. 10 Minuten
Vorbereitung:	keine

DURCHFÜHRUNG:

Die Teilnehmenden sammeln gemeinsam Namen für Babys mit den Anfangsbuchstaben des Alphabets.

Lösungsvorschläge

A → Anna, Anton
B → Beatrice, Bruce
C → Charlotte, Christian
D → Dagmar, Dennis
E → Emma, Emil
F → Fiona, Felix
G → Gerlinde, Gerhard
H → Hannelore, Hans
I → Inga, Ingo
J → Johanna, Jens
K → Karla, Kevin
L → Lina, Luis
M → Mona, Michael
N → Nathalia, Nils
O → Olga, Ole
P → Pia, Peter
Q → Quentin
R → Rita, Ralf
S → Susanne, Sebastian
T → Thea, Theodor
U → Ulrike, Ulrich
V → Verena, Veit
W → Walburga, Wilhelm
X → Xenia, Xaver
Y → Yael, Yannik
Z → Zoe, Zacharias

Namen gesucht

Trainingsbereiche:	Mit Fantasie Worte finden Assoziieren
Material:	keins
Zeit:	ca. 4 Minuten
Vorbereitung:	keine

DURCHFÜHRUNG:

Die Übungsleitung stellt den Teilnehmern folgende Aufgabe:

Es ist Vollmond, und im Karlsruher Tierheim sind in dieser Nacht viele Tierbabys zur Welt gekommen. Wie sollen die Tiere heißen?

zwei kleine getigerte Katzen
ein süßer Labradorwelpe
drei Zwergkaninchenjunge

Leichte und mittelschwere Variante:

DURCHFÜHRUNG:

Zur Unterstützung der Fantasie können die folgenden Bilder gezeigt werden.

Gemeinsames Hören: „Frühling“ aus Vivaldis „Vier Jahreszeiten“

Trainingsbereiche:	Musik Entspannung
Material:	CD mit Antonio Vivaldis „Vier Jahreszeiten“
Zeit:	ca. 11 Minuten
Vorbereitung:	CD-Player mit CD bereitstellen.

DURCHFÜHRUNG:

Gemeinsames Hören von „Frühling“ aus Vivaldis „Vier Jahreszeiten“.

→ Vielleicht ergibt sich im Anschluss ein Gespräch über das Stück. Manche Teilnehmer verbinden möglicherweise besondere Erinnerungen damit. Andere entdecken typische „Frühlingsgeräusche“ in der Musik.

Arbeitsblatt: Grußkarten vollenden

Trainingsbereiche:	In Worte fassen Worte finden Mit Fantasie
Material:	Kopien des Arbeitsblatts ein Stift für jeden Teilnehmer
Zeit:	ca. 10–15 Minuten
Vorbereitung:	Arbeitsblatt in ausreichender Anzahl kopieren

DURCHFÜHRUNG:

Die Übungsleitung verteilt die Arbeitsblätter und die Stifte und bittet die Teilnehmer, die Aufgabe zu lösen. Die Texte werden anschließend vorgelesen und gemeinsam besprochen.

Leichte Variante:

Material: Eine leere Karte „Glückwünsche zur Geburt"

DURCHFÜHRUNG:

Die Übungsleitung zeigt den Teilnehmern die Glückwunschkarte. Sie lässt sie herumgehen und gibt den Teilnehmern Zeit, das Bild zu betrachten.
Anschließend erzählt sie, für wen die Karte (fiktiv oder real) sein soll. In einem fiktiven Fall kann eins der Fallbeispiele von dem Arbeitsblatt verwendet werden.
Dann wird besprochen, welcher Text in die Karte hineingeschrieben werden kann. Die Übungsleitung trägt den Text ein.

Stellen Sie sich vor, Sie schreiben Glückwunschkarten zur Geburt folgender Babys. Was könnten Sie schreiben?

Ihre Nachbarin hat ein Kind bekommen. Als man Ihnen erzählte, welches Geschlecht das Kind hat, waren Sie nicht sehr aufmerksam und haben es sofort wieder vergessen.

Ihre Nichte ist Mutter einer Tochter geworden. Leider war das schon vor 7 Wochen. Nun sind Sie etwas spät dran mit der Gratulation.

Eine junge Frau, die Sie gut kennen, hat einen kleinen Jungen bekommen und Sie gebeten Patin/Pate zu werden. Sie freuen sich sehr darauf, diese Aufgabe wahrzunehmen.

Liedtext korrigieren: „Alle Vögel sind schon da“

Trainingsbereiche:	Konzentrieren Wissen
Material:	keins
Zeit:	ca. 5 Minuten
Vorbereitung:	keine

DURCHFÜHRUNG:

Die Übungsleitung liest den veränderten Liedtext von „Alle Vögel sind schon da“ Strophe für Strophe vor. Sie bittet die Teilnehmer, die Fehler zu benennen und zu verbessern:

Alle Vögel sind schon **hier**

Alle Vögel sind schon da, alle Vögel, alle!
Welch ein **Pfeifen**, Musizier'n, **Singen**, Zwitschern und **Brillier'n**!
Frühling will nun einmarschier'n, kommt mit **Schall und Sange.**

Wie sie alle lustig sind, **froh und flink** sich regen!
Drossel, Amsel, Star und Fink und die ganze Vogelschar
wünschen dir ein frohes Jahr, lauter **Herz** und Segen.

Was sie uns ankünden nun, nehmen wir **zum Scherzen**:
Wir auch wollen **rege sein, rege** wie die Vögelein,
hier und dort, **feldein, feldaus springen, singen, scherzen**.

Lösung

Alle Vögel sind schon da

Alle Vögel sind schon da, alle Vögel, alle!
Welch ein Singen, Musizier’n, Pfeifen, Zwitschern, Tirilier‹n!
Frühling will nun einmarschier’n, kommt mit Sang und Schalle.

Wie sie alle lustig sind, flink und froh sich regen!
Amsel, Drossel, Fink und Star und die ganze Vogelschar
wünschen dir ein frohes Jahr, lauter Heil und Segen.

Was sie uns verkünden nun, nehmen wir zu Herzen:
Wir auch wollen lustig sein, lustig wie die Vögelein,
hier und dort, feldaus, feldein singen, springen, scherzen.

Reihenfolge bestimmen: Tragzeit von Haustieren

Trainingsbereiche:	Urteilen Wissen Konzentrieren
Material:	Karten mit Tiernamen (Seite 47)
Zeit:	ca. 5 Minuten
Vorbereitung:	Die Karten mit den Namen der Tiere einmal kopieren und ausschneiden. Für den mehrfachen Gebrauch evtl. laminieren.

DURCHFÜHRUNG:

Die Karten mischen und auf dem Tisch verteilen. Die Teilnehmer versuchen, die Tiere nach ihrer Tragzeit zu sortieren. Hierbei steht nicht Wissen, sondern Raten im Vordergrund.

Lösung

Tier	→	**Tage**[1]**:**
Goldhamster	→	16
Hausmaus	→	18–23
Hausratte	→	21–23
Kaninchen	→	30–32
Katze	→	58–63
Hund	→	63-68
Meerschweinchen	→	63–70
Hausschwein	→	114
Ziege	→	150
Schaf	→	150
Rind	→	280
Pferd	→	336
Esel	→	365–370

[1] *Die Anzahl der Tage wird hier nur als ergänzende Information angegeben. Die Teilnehmer sollen lediglich erraten, welches Tier eine längere/kürzere Tragzeit hat als die anderen.*

Goldhamster	**Hausmaus**
Hausratte	**Kaninchen**
Katze	**Hund**
Meerschweinchen	**Hausschwein**
Ziege	**Schaf**
Rind	**Pferd**
Esel	

Namen merken: Auf der Wochenbettstation

Trainingsbereiche:	Merken Konzentrieren
Material:	Arbeitsblatt mit den Namen
Zeit:	ca. 5 Minuten
Vorbereitung:	Arbeitsblatt in ausreichender Anzahl kopieren

DURCHFÜHRUNG:

Die Übungsleitung verteilt die Zettel und bittet die Teilnehmer, sich möglichst viele der Babynamen innerhalb von ein bis zwei Minuten einzuprägen. Anschließend werden die Zettel umgedreht, und die Teilnehmer nennen die Namen, die ihnen im Gedächtnis geblieben sind.

Leichte und mittelschwere Variante:

DURCHFÜHRUNG:

Die Übungsleitung kann die Liste mit den Namen beliebig kürzen, um die Aufgabe einfacher zu gestalten. Hierfür deckt sie einfach beim Kopieren einen Teil der Liste mit einem weißen Blatt ab.

Stellen Sie sich vor, Sie sind Krankenschwester oder Pfleger auf einer Wochenbettstation. Nach Ihrem Urlaub wollen Sie sich möglichst schnell die Namen der Neugeborenen merken. Nehmen Sie sich eine Minute Zeit, um sich die Vor- und Nachnamen einzuprägen.

Frau Meyer: Tochter Karla

Frau Schmidt: Sohn Jonas

Frau Müller: Tochter Emma

Frau Schneider: Sohn Lukas

Frau Fischer: Tochter Hanna

Frau Weber: Sohn Paul

Frau Wagner: Tochter Sofia

Frau Bäcker: Sohn Felix

Frau Schulz: Tochter Marie

Frau Koch: Sohn Maximilian

Vogelarten

Trainingsbereiche:	Bewegung Konzentrieren Assoziieren Worte finden
Material:	Softball
Zeit:	ca. 7 Minuten
Vorbereitung:	keine

DURCHFÜHRUNG:

Ein weicher Softball wird im Kreis hin und her geworfen oder, je nach räumlichen Begebenheiten, über den Tisch gerollt. Der Teilnehmer, der den Ball fängt, nennt eine Vogelart.

Schwere Variante:

DURCHFÜHRUNG:

Die Vogelarten werden in der Reihenfolge des Alphabets genannt. Wem keine Vogelart mit dem richtigen Buchstaben einfällt, darf eine erfinden.

Lösungsvorschläge

A → Amsel
B → Buntspecht, Buchfink
C → Cistensänger
D → Drossel, Dompfaff
E → Elster, Eisvogel
F → Falke
G → Gans
H → Haussperling
I → Ibis
J → Jungfernkranich
K → Kolibri, Kanarienvogel
L → Lachender Hans, Lori
M → Meise, Mäusebussard
N → Nachtigall, Nebelkrähe
O → Ohrentaucher
P → Papagei, Pirol
Q → –
R → Reiher, Rotkehlchen, Rabe
S → Specht, Schwalbe, Sperling
T → Taube, Tannenmeise
U → Uhu
V → Veilchenente
W → Wachtel, Weißstorch
X → –
Y → –
Z → Zaunkönig, Zilpzalp

Tierkinder zuordnen

Trainingsbereiche: Struktur und Zusammenhang
Wissen
Konzentrieren

Material: Karten mit Tiernamen

Zeit: ca. 5 Minuten

Vorbereitung: Kärtchen einmal kopieren und ausschneiden, evtl. für den mehrfachen Gebrauch laminieren.

DURCHFÜHRUNG:

Die Übungsleitung mischt die Karten und legt sie offen auf dem Tisch aus. Dann bittet sie die Teilnehmer, die Tiere und ihre Kinder einander zuzuordnen.

Mittelschwere und schwere Variante:

DURCHFÜHRUNG:

Die Übungsleitung legt nur die Karten mit den Namen der erwachsenen Tiere aus. Die Teilnehmer ziehen reihum eine Karte und nennen den Namen des dazugehörigen „Babys".

Lösung

Hund → Welpe
Reh → Kitz
Huhn → Küken
Wildschwein → Frischling
Schwein → Ferkel
Schaf → Lamm
Pferd → Fohlen
Frosch → Kaulquappe
Schmetterling → Raupe
Robbe → Heuler

Hund	Welpe
Reh	Kitz
Huhn	Küken
Wildschwein	Frischling
Schwein	Ferkel
Schaf	Lamm
Pferd	Fohlen
Frosch	Kaulquappe
Schmetterling	Raupe
Robbe	Heuler

Arbeitsblatt: Einordnen

Trainingsbereiche:	Worte finden Konzentrieren Wissen, Urteilen
Material:	Arbeitsblatt einen roten, grünen und blauen Stift pro Teilnehmer
Zeit:	ca. 10 Minuten
Vorbereitung:	Arbeitsblatt in ausreichender Anzahl kopieren

DURCHFÜHRUNG:

Die Übungsleitung verteilt die Arbeitsblätter und bittet die Teilnehmer, die Aufgabe zu lösen. Die Lösung wird anschließend gemeinsam besprochen.

Leichte Variante:

DURCHFÜHRUNG:

Die Übungsleitung liest jeden Begriff einzeln vor und fragt, um was es sich dabei handelt: etwas, das zur Versorgung von Babys dient, einen Vornamen oder ein Tierbaby. Die Teilnehmer markieren den auf ihrem Arbeitsblatt in der entsprechenden Farbe.

Kreuzen Sie an:
ROT: alles, was Menschen für die Versorgung von Babys benutzen
GRÜN: alle Tierbabys
BLAU: alle Vornamen

Lamm	**Brei**	**Frischling**
Windeln	**Zicklein**	**Anna**
Jan	**Marie**	**Schnuller**
Heuler	**Küken**	**Rehkitz**
Kinderwagen	**Hanna**	**Olaf**
Heidi	**Brei**	**Lätzchen**
Welpe	**Lisa**	**Doris**
Markus	**Ronald**	**Ferkel**
Waltraud	**Fohlen**	**Emma**
Fläschchen	**Spucktücher**	**Strampler**
Kalb	**Mia**	**Fritz**
Hans	**Wiege**	**Kaulquappe**

Vögel und ihre Reimpartner

Trainingsbereiche:	Wissen Urteilen Konzentrieren Worte finden
Material:	keins
Zeit:	ca. 8 Minuten
Vorbereitung:	keine

DURCHFÜHRUNG:

Die Übungsleitung liest folgende Rätsel vor. Die Teilnehmer erraten die Reimwörter.

Auf welchen Vogelnamen reimt/reimen sich:

- die Schienen für Eisenbahnen
  Gleise → **Meise**
- eine Farbe, die viele kleine Mädchen gern mögen
  Pink → **Fink**
- der Name eines heimischen Raubfischs
  Hecht → **Specht**
- ein Brennstoff, den man häufig zum Grillen braucht
  Kohle → **Dohle**
- eine kleine, meist dreieckige Fahne
  Wimpel → **Gimpel**
- eine Art Creme für die Haut
  Salbe → **Schwalbe**
- ein kleines, offenes Gartengebäude
  Laube → **Taube**
- der Begriff für zwölf aufeinanderfolgende Monate
  Jahr → **Star**
- ein Einkommen, das meist im Alter bezogen wird
  Rente → **Ente**
- der Kopfschmuck vieler Bräute
  Schleier → **Reiher**

BAUSTEIN 12: VÖGEL UND IHRE REIMPARTNER

Leichte und Mittelschwere Variante:

DURCHFÜHRUNG:

Die Übungsleitung stellt die Fragen und nennt jeweils das Reimwort, zum Beispiel:
Auf welchen Vogelnamen reimt sich „Gleise"?
Die Teilnehmenden versuchen, den Vogel zu erraten → **Meise**

Vorlesen: „Ich bin Papa“ von Wilhelm Busch

Trainingsbereiche:	Entspannung
Material:	keins
Zeit:	ca. 3 Minuten
Vorbereitung:	keine

DURCHFÜHRUNG:

Die Übungsleitung liest das Gedicht laut vor.

Wilhelm Busch
Ich bin Papa

Mitunter schwitzen muss der Schreiner,
er stößt auf manchen harten Ast.
So geht es auch, wenn unsereiner
sich mit der Grübelei befasst.

Zum Glück hat meine gute Frau,
die liebevoll an alles denkt,
mir einen kleinen Fritz geschenkt.
Denn oft erfreut mich dieser Knabe
durch seinen kindlichen Radau,
wenn ich so meine Schrullen habe.

Heut Mittag gab es wieder mal
mein Leibgericht, gespickten Aal.
Und wie ich dann zur Körperpflege
die Weste auf, die Augen zu,
die Hände friedlich auf dem Magen,
im Polsterstuhl mich niederlege,
oh weh, ein Schwarm von dummen Fragen
verscheucht die heißersehnte Ruh.

Ach, wird es mir denn niemals klar,
wo ich gewesen, eh ich war?
Schwamm ich, verkrümelt in Atome,
gedankenlos im Wirbelstrome,
bis ich am Ende mich verdichtet
Zu einer denkenden Person?

Und jetzt, was hab ich ausgerichtet?
Was war der Mühe karger Lohn?
Das Geld ist rar, die Kurse sinken,
dagegen steigt der Preis der Schinken.
Fast jeden Morgen klagt die Mutter:
Ach Herr, wie teuer ist die Butter!
Ja, selbst der Vater wird gerührt,
wenn er sein kleines Brötchen schmiert.
Und doch, trotz dieser Seelenleiden
Will keiner gern von hinnen scheiden.
Wer weiß?

Ei sieh, wer kommt denn da?
Hallo, der Fritz! Nun wird es heiter,
nun machen wir den Eselreiter.
Flugs stell ich mich auf alle Viere,
indem ich auf und ab marschiere,
Und rufe kräftig mein Ih-ah!
vor Wähligkeit und Übermut.

Ih-ah! Die Welt ist nicht so übel.
Wozu das närrische Gegrübel?
Ich bin Papa, und damit gut.

3 Osterfeuer

Ostern das Fest der Auferstehung. Das Fest der Hasen und der Ostereier. Das Fest der Leichtigkeit und Unbekümmertheit. Mit dem Osterfeuer wird das Alte verbrannt und das Neue willkommen geheißen. Der erste große Feiertag im Jahr hat viele Traditionen und Bräuche im Gepäck.

Überblick über die Bausteine für das Gedächtnistraining zu dem Thema „Osterfeuer"

Ostern und biografische Anknüpfungspunkte

Trainingsbereiche: Mit allen Sinnen
Assoziieren
In Worte fassen
Worte finden

Material: österliche Materialien wie zum Beispiel Osterkörbchen, Osterglocken, hartgekochte Ostereier, Schokoladeneier, Ostereier aus Holz/Porzellan/Styropor/Plastik o. Ä., Osterzopf aus Hefeteig, Kuscheltiere/Figuren wie Huhn, Küken, Hahn, Hase, Schaf, Lamm

Zeit: ca. 15 – 20 Minuten

Vorbereitung: Das Material wird von der Übungsleitung so platziert, dass alle Teilnehmer es gut sehen können.

DURCHFÜHRUNG:

Österliche Materialien werden in die Mitte des Tischs gelegt. Entstehende Gespräche können durch gezielte Fragestellungen oder das Vorlesen der Anekdote weiter angeregt werden.

Beispiele für Fragen:

- Haben Sie als Kind Eier gefärbt?
  Wenn ja:
  → Womit wurden die Eier gefärbt?
  → Wurden die Eier im Anschluss zum Glänzen gebracht?
- Erinnern Sie sich noch daran, als Kind Ostereier gesucht zu haben?
- Gab es besondere Verstecke für die Ostereier?
- Haben Sie als Kind den Ostergottesdienst besucht?
- Backen Sie oder wurde bei Ihnen früher ein Osterbrot/Osterzopf gebacken?
- Wurde Ostern bei Ihnen früher zusammen mit der Familie gefeiert?
- Gab/gibt es bei Ihnen spezielle Speisen zu Ostern?
- Gab/gibt es bei Ihnen spezielle Speisen zu Gründonnerstag oder Karfreitag?

Anekdote:

Diese Anekdote können Sie vorlesen, um bei den Teilnehmern Erinnerungen zu wecken.

Früher haben wir die Eier mit Zwiebelschale braun gefärbt. Es gab auch grüne Eier und rotviolette Eier. Die grünen Eier haben wir mit Spinat gefärbt und die rotvioletten Eier mit rote Bete. Nach dem Färben wurden die Eier noch mit einer Speckschwarte poliert. Die Eier glänzten danach sehr schön.

Alternative ohne Material

DURCHFÜHRUNG:

Die Teilnehmenden betrachten das folgende Bild anstelle des Materials

Verknüpfte Bilder

Trainingsbereiche:	Assoziieren Mit Fantasie Worte finden Wissen
Material:	Wortkarten
Zeit:	ca. 10 Minuten
Vorbereitung:	Wortkarten einmal kopieren und ausschneiden. Nach Möglichkeit für den mehrfachen Gebrauch laminieren.

DURCHFÜHRUNG:

Die Wortkarten werden sortiert (Osterkarten und andere Karten). Dann werden sie getrennt voneinander verdeckt ausgelegt.
Jeder Teilnehmer zieht zwei Karten, eine Osterkarte und eine andere Karte, und legt sie offen vor sich hin. Er entwirft im Kopf ein Bild, in dem die beiden Begriffe verknüpft sind, und erzählt in einem Satz davon.
Wenn alle Karten gezogen wurden, zählen die Teilnehmenden auf, welche Kartenkombinationen es gab.

Lösungsbeispiele

Gezogene Karten: „**Lamm**" und „**Kopfkissen**"
→ Ein **Lamm** hat sich unter dem **Kopfkissen** versteckt und streckt frech den Kopf heraus.

Gezogene Karten: „**Hase**" und „**Trockentuch**"
→ Der **Hase** bindet sich ein **Trockentuch** um den Kopf.

Hase	**Badewanne**
Ei	**Handschellen**
Huhn	**Perlenkette**
Lamm	**Mülleimer**
Osterfrühstück	**Suppentopf**
Osterfeuer	**Kopfkissen**
Osternest	**Teddy-Bär**
Schaf	**Nasentropfen**
Narzisse	**Klebeband**
Eierfarben	**Trockentuch**

Arbeitsblatt: „Eierige“ Tiere entwerfen

Trainingsbereiche:	Mit Fantasie Assoziieren
Material:	Kopien des Arbeitsblattes Stifte
Zeit:	ca. 5 Minuten
Vorbereitung:	Arbeitsblatt für alle Teilnehmer kopieren

DURCHFÜHRUNG:

Die Übungsleitung verteilt die Arbeitsblätter und bittet die Teilnehmer, die Aufgabe zu lösen. Die Lösung wird anschließend im Plenum besprochen.

„Eierige Tiere“ sollen hier entstehen.
Malen Sie nach Ihrer Fantasie Tiere aus diesen Formen.

Gemeinsames Hören: Oster-Oratorium von Johann Sebastian Bach

Trainingsbereiche:	Musik Entspannung
Material:	CD mit dem Oster-Oratorium von Johann Sebastian Bach
Zeit:	ca. 5 Minuten
Vorbereitung:	CD-Player mit CD bereitstellen.

DURCHFÜHRUNG:

Gemeinsames Hören einzelner Sätze aus dem Oster-Oratorium von Johann Sebastian Bach.

Osterverse schreiben

Trainingsbereiche:	In Worte fassen • Worte finden • Mit Fantasie
Material:	Flipchart, Tafel oder Zettel
Zeit:	ca. 5 Minuten
Vorbereitung:	Reimwörter auf Flipchart, Tafel oder Zettel schreiben.

DURCHFÜHRUNG:

Die Übungsleitung bittet die Teilnehmer, zwei Reimwörter in einem Satz zu einem zweizeiligen Gedicht zu verbinden.

Reimwörter:
Ei, Schweinerei ++ Hase, Vase ++ Huhn, tun ++ Osterfeuer, Abenteuer ++ Schaf, brav Lamm, Kamm ++ Hahn, Elan ++ Osternest, lässt ++ Osterzopf, Kopf ++ Osterfrühstück, zurück

Lösungsvorschläge

Fällt das Ei,
gibt's Schweinerei.

Der Hase
versteckt Eier in der Vase.

Das Huhn
hat viel zu tun.

Für Kinder ist das Osterfeuer
ein riesengroßes Abenteuer.

Das kleine Schaf
ist heute brav.

Morgens benutzt das Lamm
niemals einen Kamm.

Heute kräht der Hahn
mit Stimme und Elan.

Ein Nest wird nicht zum Osternest,
nur weil man darin Eier lässt.

Wir backen heute Osterzopf,
einen ganzen gibt's pro Kopf.

An unser schönes Osterfrühstück
denke ich voll Glück zurück.

Leichte und mittelschwere Variante:

DURCHFÜHRUNG:

Die Übungsleitung bittet die Teilnehmer, mit den beiden Reimwörtern einen Satz zu bilden.

Arbeitsblatt: Zahlensuche

Trainingsbereiche:	Konzentrieren
Material:	Kopien des Arbeitsblattes ein Stift pro Teilnehmer
Zeit:	ca. 4 Minuten
Vorbereitung:	Arbeitsblatt für jeden Teilnehmer kopieren.

DURCHFÜHRUNG:

Die Übungsleitung verteilt die Arbeitsblätter und bittet die Teilnehmer, die Aufgabe zu lösen und die gefundenen Zahlwörter zu markieren.
Die Lösung wird anschließend gemeinsam besprochen.

Lösung:

acht Zahlwörter → fünfmal DREI und dreimal ZWEI

Leichte Variante:

DURCHFÜHRUNG:

Fragen Sie die Teilnehmer, in welchen Zahlen von eins bis zehn sich das Wort „Ei" verbirgt. Wenn die Teilnehmer nicht ohne Hilfe auf die Lösung kommen, können Sie die Zahlen von eins bis zehn an Tafel oder Flipchart schreiben und die Zahlen einzeln mit den Teilnehmern durchgehen.

Lösung:

in der **EI**ns, der Zw**EI** und der Dr**EI**

Finden Sie die Zahlwörter in der Eierkette.
Wie viele sind es?

EIEIEIEIEIEIEIEIEIEIEIEIEIEIEIEIEIEIEIEIEIEIEIEI

EIEIEIEIEIEIEIEIEIEIEIEIEIEIEIEIEIEIEIEIEIEIEIEI

EIEIEIEIEIEIEIEIEIEIEIZWEIEIEIEIEIEIEIDREIEIEI

EIEIEIEIEIEIEIEIEIEIEIEIEIEIEIEIEIEIEIEIEIEIEIEI

EIEIEIEIEIEIEIEIEIEIEIEIEIEIEIEIEIEIEIEIEIEIEIEI

EIEIEIEIEIEIEIEIEIEIEIEIEIEIEIEIEIEIEIDREIEIEIEI

EIEIEIEIEIEIEIEIEIEIEIEIEIEIZWEIEIEIEIEIEIEIEIEI

EIEIEIEIEIEIEIEIEIEIEIEIEIEIEIEIEIEIEIEIEIEIEIEI

EIEIEIEIEIEIEIEIEIEIEIEIEIEIEIEIEIEIEIEIEIEIEIEI

EIEIEIEIEIEIEIEIEIEIEIEIEIEIEIEIEIEIEIEIEIEIEIEI

EIDREIEIEIEIEIEIEIEIEIEIEIEIEIEIEIEIEIEIEIEIEIEI

EIEIEIEIEIEIEIEIEIEIEIEIEIDREIEIEIEIEIEIEIEIEIEI

EIEIEIEIEIEIEIEIEIEIEIEIEIEIEIEIEIEIEIEIEIEIEIEI

EIEIEIEIEIEIEIEIEIEIEIEIEIEIEIDREIEIEIEIEIEIEIEI

EIEIEIEIEIEZWEIEIEIEIEIEIEIEIEIEIEIEIEIEIEIEIEIEI

Ostereier schätzen

Trainingsbereiche:	Urteilen Wissen Konzentrieren
Material:	kleiner Korb, 10 oder mehr Ostereier (beliebiges Material)
Zeit:	ca. 3 Minuten
Vorbereitung:	Die Übungsleitung füllt eine abgezählte Anzahl Ostereier in einen Osterkorb.

DURCHFÜHRUNG:

Die Übungsleitung bittet die Teilnehmer zu schätzen, wie viele Ostereier in dem Korb liegen. Abschließend verrät sie, wie viele es tatsächlich sind.

Alternative ohne Material

DURCHFÜHRUNG:

Die Übungsleitung hält das Bild von den Ostereiern (s. u.) kurz hoch und dreht es dann um. Sie bittet die Teilnehmer zu schätzen, wie viele Ostereier ganz oder teilweise auf dem Bild zu sehen sind (Lösung: 9).

Kopfrechnen: Ostereier zusammenzählen

Trainingsbereiche:	Merken Konzentrieren
Material:	keins
Zeit:	ca. 5 Minuten
Vorbereitung:	keine

DURCHFÜHRUNG:

Die Übungsleitung kündigt an, einen kleinen Text über einen Osterhasen vorzulesen. Sie bittet die Teilnehmer, während des Vorlesens die Eier, die in der Geschichte genannt werden, im Kopf zusammenzuzählen. Der Text wird langsam vorgelesen. Im Anschluss fragt die Übungsleitung, wie viele Eier der Osterhase versteckt hat.

→ Der Text kann bei Bedarf auch zweimal vorgelesen werden.

Text

Der Osterhase geht in den Garten von Tina und Hans. Dort versteckt er ein Osterei unter dem Johannisbeerstrauch und zwei Ostereier unter dem Apfelbaum.

Im Garten von Jolinde versteckt der Osterhase drei Ostereier hinter dem Ginsterbusch und ein Osterei hinter dem Gartenzwerg.

Als Letztes geht der Osterhase in einen Kindergarten. Dort versteckt er ein Osterei in jedem Paar Hausschuhe der 21 Kinder. Er denkt auch an die Erzieherinnen und versteckt in jeder Kaffeetasse der 8 Erzieherinnen ein Osterei. Der Hausmeister bekommt zwei Ostereier. Die versteckt der Hase im Werkzeugkasten.

Lösung: 38 Eier.

BAUSTEIN 8: KOPFRECHNEN: OSTEREIER ZUSAMMENZÄHLEN

Leichte: Variante:

Material: Flipchart, Tafel oder Zettel

DURCHFÜHRUNG:

Die Übungsleitung liest nur die ersten beiden Abschnitte vor. Falls die Teilnehmer nicht auf die richtige Lösung kommen, liest sie die Abschnitte erneut vor und notiert jedes Mal, wenn Ostereier vorkommen, die Zahl auf Flipchart, Tafel oder Zettel. → **Lösung:** 7 Ostereier.

Eierstaffel

Trainingsbereiche:	Bewegung Konzentrieren
Material:	2 Plastikeier 1 großer Löffel pro Teilnehmer
Zeit:	ca. 5 Minuten
Vorbereitung:	keine

DURCHFÜHRUNG:

Dies ist ein Spiel für eine größere Teilnehmerrunde (ab acht Personen). Jeder Teilnehmer erhält einen großen Löffel. Es werden zwei Gruppen gebildet. Wenn die Teilnehmer um einen Tisch herumsitzen, kann in der Mitte der Gesamtgruppe eine imaginäre Linie gezogen werden. Jeder nimmt seinen Löffel in die Hand. Der erste Teilnehmer jeder Gruppe legt ein Ei auf seinen Löffel. Nach einem vereinbarten Startsignal gibt er das Ei auf den Löffel seines Nachbarn weiter. Der gibt es auf dieselbe Weise an seinen Nachbarn usw. Wenn das Ei das letzte Gruppenmitglied erreicht hat, wird es wieder an den Anfang zurückgegeben. Die Gruppe, bei der das Ei zuerst wieder am Anfang angekommen ist, gewinnt.

Leichte Variante:

DURCHFÜHRUNG:

Es wird nur ein Plastikei benötigt. Jeder hält seinen Löffel in der Hand. Die Teilnehmer versuchen nun, das Ei mithilfe des Löffels von einem Teilnehmer zum nächsten weiterzugeben.

Einkaufsliste für das Osterfrühstück

Trainingsbereiche: Struktur und Zusammenhang
Wissen
Konzentrieren

Material: Kärtchen mit Lebensmittelnamen (s. u.)

Zeit: ca. 5 Minuten

Vorbereitung: Kärtchen mit den Lebensmittelnamen einmal kopieren, ausschneiden, evtl. für den mehrfachen Gebrauch laminieren.

DURCHFÜHRUNG:

Die Übungsleitung mischt die Kärtchen mit den Lebensmittelnamen und legt sie offen auf dem Tisch aus. Sie bittet die Teilnehmer, die Kärtchen zu sinnvollen Gruppen zu ordnen.

Lösungsvorschläge

Schinken, Leberwurst, Mortadella, Salami → **Wurst**
Milch, Frischkäse, Gouda, Quark → **Milchprodukte**
Erdbeeren, Weintrauben, Orangen, Äpfel → **Obst**
Vollkornbrot, Brötchen, Osterzopf, Croissants → **Gebäck**

Leichte Variante:

Material: 4 DIN-A4-Blätter

DURCHFÜHRUNG:

Schreiben Sie außerdem die Oberbegriffe **Wurst**, **Milchprodukte**, **Obst** und **Gebäck** auf jeweils ein DIN-A4-Blatt. Legen Sie die Blätter auf dem Tisch aus und bitten Sie die Teilnehmer, die Wortkarten mit den Lebensmittelnamen dem richtigen Oberbegriff zuzuordnen.

Milch	**Schinken**
Vollkornbrot	**Erdbeeren**
Frischkäse	**Leberwurst**
Mortadella	**Gouda**
Brötchen	**Weintrauben**
Quark	**Orangen**
Salami	**Osterzopf**
Croissants	**Äpfel**

Sammlung: Wörter mit „Oster-“

Trainingsbereiche:	Worte finden Konzentrieren Assoziieren
Material:	Flipchart, Tafel oder Zettel
Zeit:	ca. 3 Minuten
Vorbereitung:	keine

DURCHFÜHRUNG:

Die Übungsleitung bittet die Teilnehmer, möglichst viele zusammengesetzte Wörter mit „Oster-“ zu nennen. Die genannten Wörter werden auf Flipchart, Tafel oder Zettel für alle sichtbar notiert.

Lösungsvorschläge

Osterlamm, Osterfrühstück, Osterfeuer, Osterkerze, Osterhase, Osterglocke, Osterkorb, Osterei, Ostermorgen, Ostersonntag, Ostermontag, Osterkarte, Osterfest, Ostergedicht, Osternest, Osternacht, Osterspaziergang, Osterkörbchen, Osterferien, Ostergruß, Osterbotschaft

Quiz: Ostern

Trainingsbereiche:	Wissen Urteilen Konzentrieren
Material:	keins
Zeit:	ca. 5 Minuten
Vorbereitung:	keine

DURCHFÜHRUNG:

Die Übungsleitung liest die folgenden Fragen mit den Antwortmöglichkeiten vor. Die Teilnehmenden raten, welche Antwort richtig ist. Wenn sie unsicher sind, betont die Übungsleitung, dass man die Antwort nicht wissen muss, sondern einfach nur raten darf.

1. Wie kam es dazu, dass zu Ostern Eier verschenkt wurden?
a) Im Frühling legen die Hühner eine größere Anzahl Eier.
b) Nach dem Ende der Fastenzeit gab es einen Überschuss an Eiern (Lösung)

2. Welche Tiere galten früher in manchen Regionen auch als „Eierüberbringer"?
a) Hahn, Fuchs und Kuckuck (Lösung)
b) Bär, Luchs und Wolf
c) Schaf, Amsel und Reiher

3. Wann wird Ostern gefeiert?
a) 22 Tage vor Pfingsten
b) 97 Tage nach Weihnachten
c) Sonntag nach dem ersten Frühlingsmond (Lösung)

4. Am wievielten Tag nach seinem Tod am Kreuz ist Jesus auferstanden?
a) am zweiten
b) am dritten (Lösung)
c) am siebten

5 Wie nennt man die Ohren vom Hasen?
a) Lauscher
b) Löffel (Lösung)
c) Langmuscheln

Schwere Variante:

DURCHFÜHRUNG:

Jede Frage wird zunächst ohne die vorgegebenen Antwortmöglichkeiten vorgelesen. Erst wenn die Teilnehmer nicht von selbst auf die Lösung kommen, liest die Übungsleitung die Antwortmöglichkeiten vor.

Vorlesen: Fausts „Osterspaziergang“

Trainingsbereiche: Entspannung

Material: keins

Zeit: ca. 3 Minuten

Vorbereitung: keine

DURCHFÜHRUNG:

Die Übungsleitung liest aus Goethes „Faust“ die Szene vor, die man als „Osterspaziergang“ kennt:

Vom Eise befreit sind Strom und Bäche
Durch des Frühlings holden, belebenden Blick,
Im Tale grünet Hoffnungsglück;
Der alte Winter, in seiner Schwäche,
Zog sich in rauhe Berge zurück.
Von dort her sendet er, fliehend, nur
Ohnmächtige Schauer körnigen Eises
In Streifen über die grünende Flur.
Aber die Sonne duldet kein Weißes,
Überall regt sich Bildung und Streben,
Alles will sie mit Farben beleben;
Doch an Blumen fehlts im Revier,
Sie nimmt geputzte Menschen dafür.
Kehre dich um, von diesen Höhen
Nach der Stadt zurück zu sehen!
Aus dem hohlen finstern Tor
Dringt ein buntes Gewimmel hervor.
Jeder sonnt sich heute so gern.
Sie feiern die Auferstehung des Herrn,
Denn sie sind selber auferstanden:
Aus niedriger Häuser dumpfen Gemächern,
Aus Handwerks- und Gewerbesbanden,
Aus dem Druck von Giebeln und Dächern,
Aus der Straßen quetschender Enge,
Aus der Kirchen ehrwürdiger Nacht
Sind sie alle ans Licht gebracht.
Sieh nur, sieh! wie behend sich die Menge
Durch die Gärten und Felder zerschlägt,
Wie der Fluß in Breit' und Länge
So manchen lustigen Nachen bewegt,
Und, bis zum Sinken überladen,
Entfernt sich dieser letzte Kahn.
Selbst von des Berges fernen Pfaden
Blinken uns farbige Kleider an.
Ich höre schon des Dorfs Getümmel,
Hier ist des Volkes wahrer Himmel,
Zufrieden jauchzet groß und klein:
Hier bin ich Mensch, hier darf ichs sein!

Johann Wolfgang von Goethe, Faust I

4 *Mama ist die Beste*

„Mama" ist für viele Babys das erste gesprochene Wort. Die Beziehung zur eigenen Mutter begleitet einen Menschen ein Leben lang, und nur Frauen, die ein Kind bekommen haben, können verstehen, was es heißt, eine Mutter zu sein. Der Muttertag ist ein Tag, der dieser besonderen Rolle gewidmet ist – auch wenn böse Zungen behaupten, er wäre eine Erfindung der Blumen- und Pralinenindustrie.

Überblick über die Bausteine für das Gedächtnistraining zu dem Thema „Mama ist die Beste"

Mutter sein und biografische Anknüpfungspunkte

Trainingsbereiche: Mit allen Sinnen
Assoziieren
In Worte fassen
Worte finden

Material: Material rund um Mütter und den Muttertag, z. B. Fotos/Bilder von Kindern mit ihrer Mutter, Blumen, Pralinen, ausgedruckte Muttertagsgedichte, Herz (aus Holz, Plüsch, Porzellan)

Zeit: ca. 15–20 Minuten

Vorbereitung: Das Material wird von der Übungsleitung so platziert, dass alle Teilnehmenden es gut sehen können.

DURCHFÜHRUNG:

Materialien rund um Mütter und den Muttertag werden in die Mitte des Tischs gelegt. Aufkeimende Gespräche können durch gezielte Fragestellungen oder durch das Vorlesen der Anekdote weiter angeregt werden.

Beispiele für Fragen:

- Haben Sie Kinder?
  → Wie hat es sich angefühlt Mutter/Vater zu werden?
  → War es für Sie leicht oder schwer, Ihre Kinder ihre eigenen Wege finden zu lassen?
  → Sind Ihre Kinder Ihnen ähnlich?
    Wenn ja:
    → Eher charakterlich oder körperlich?

- Sind Sie Ihrer Mutter ähnlich?

- Haben Sie früher den Muttertag gefeiert?
  Wenn ja:
  → Wie wurde er bei Ihnen gefeiert?
  → Wurde die Mutter am Muttertag von ihren Pflichten entbunden?
  → Erinnern Sie sich noch an Geschenke zum Muttertag?

Anekdote:

Diese Anekdote kann vorgelesen werden, um bei den Teilnehmenden Erinnerungen zu wecken.

Meine Mutter war eine grundehrliche Frau und verabscheute es, zu lügen. Deswegen erinnere ich mich so gut daran, dass sie mir einmal aus der Patsche geholfen hat. Ich hatte vergessen, meine Schulaufgaben zu machen, und weil mir keine bessere Ausrede einfiel, erzählte ich dem Lehrer, dass ich sie gemacht hätte – unsere Ziege hätte sie aber aufgegessen! Mein Lehrer glaubte mir kein Wort. Er war stocksauer und rief nach der Schule gleich bei meiner Mutter an. Mama bestätigte einfach meine Geschichte – und der Lehrer entschuldigte sich bei mir. Wir haben danach nie über den Vorfall gesprochen, aber ich habe auch nie wieder meine Schulaufgaben vergessen ..."

Alternative ohne Material

DURCHFÜHRUNG:

Die Teilnehmenden betrachten das folgende Bild anstelle des Materials.

Sammlung: Wörter mit „Mutter-“

Trainingsbereich:	Worte finden Assoziieren
Material:	keins
Zeit:	ca. 4 Minuten
Vorbereitung:	keine

DURCHFÜHRUNG:

Die Übungsleitung bittet die Teilnehmenden, so viele Wörter mit „Mutter-“ zu finden wie möglich.

Lösungsbeispiele:

Mutterglück, Mutterliebe, Muttertag, Muttermal, Gebärmutter, Schraubenmutter, Muttererde, Mutterkorn, Mutterpass, Muttermund, Mutterfigur, Mutterfreude, Muttergottes, Mutterkuchen, Muttersprache, bemuttern, Radmutter, Großmutter, Urgroßmutter, Mutterschiff

Gemeinsames Hören: „Mama"

Trainingsbereiche:	Musik Entspannung
Material:	Lied „Mama" von Heintje (CD)
Zeit:	ca. 5–10 Minuten
Vorbereitung:	CD-Player mit CD bzw. Laptop bereitstellen

DURCHFÜHRUNG:

Das Lied „Mama" von Heintje gemeinsam hören. Auf Wunsch können sich die Teilnehmenden anschließend dazu austauschen. Das bekannte Lied löst vielfältige Assoziationen und Erinnerungen aus.

Arbeitsblatt: Muttertagsgedanken vervollständigen

Trainingsbereiche:	Mit Fantasie Worte finden Assoziieren In Worte fassen
Material:	Kopien des Arbeitsblatts (Seite 86) Stifte
Zeit:	ca. 8 Minuten
Vorbereitung:	Arbeitsblatt in ausreichender Anzahl kopieren

DURCHFÜHRUNG:

Die Übungsleitung verteilt die Kopien des folgenden Arbeitsblatts und bittet die Teilnehmenden, die Aufgabe zu lösen. Die Lösungen werden anschließend gemeinsam besprochen.

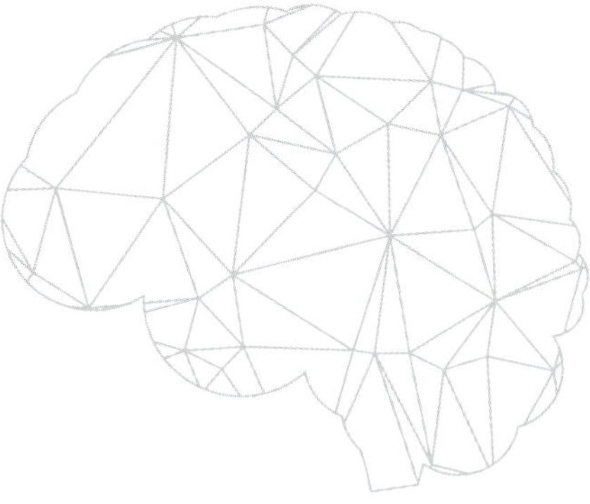

BAUSTEIN 4: MUTTERTAGS-GEDANKEN VERVOLLSTÄNDIGEN

Lars möchte seiner Mutter gerne ein paar ganz besondere Komplimente zum Muttertag machen. Leider bleibt er immer mitten im Satz stecken. Helfen Sie ihm, die Komplimente zu vollenden:

Mutter, ich denke immer wieder an deine Augen, die ____________________

____.

Mit deinen Händen hast du für uns früher stets ____________________

____.

Deine Stimme blieb immer ruhig und liebevoll, auch wenn ______________

____.

Manchmal hörtest du einfach weg und lächeltest, wenn ______________

____.

Ich muss oft daran denken, wie du aussiehst, wenn ________________

____.

Nie werde ich vergessen, dass ______________________________

____.

Deine Liebe bedeutet mir______________________________________

____.

Zum Dank sage ich dir heute: ______________________________

____.

Sprichwort gesucht!

Trainingsbereiche: Worte finden
Assoziieren

Material: Bildkarten

Zeit: ca. 1 Minute

Vorbereitung: Bildkarten kopieren und ausschneiden. Nach Möglichkeit für den mehrfachen Gebrauch laminieren.

DURCHFÜHRUNG:

Die Übungsleitung zeigt den Teilnehmenden die erste Bildkarte und fordert sie auf, nach einem Sprichwort zu suchen, in dem der gezeigte Gegenstand vorkommt.
Wenn die Teilnehmer nicht auf die Lösung kommen, wird die zweite, dann die dritte und dann ggf. die vierte Bildkarte gezeigt.

Lösung:

Vorsicht ist die Mutter der Porzellankiste!

Leichte Variante:

DURCHFÜHRUNG:

Die Bilder werden in der Reihenfolge gezeigt, in der die gezeigten Dinge im Sprichwort vorkommen (4, 3, 2, 1).

Bilddetails merken: Porträtfoto

Trainingsbereiche: Merken
Konzentrieren

Material: keins

Zeit: ca. 3 Minuten

Vorbereitung: keine

DURCHFÜHRUNG:

Die Übungsleitung bittet die Teilnehmenden, das folgende Foto eine Minute lang zu betrachten und sich möglichst viele Details einzuprägen. Dann wird das Foto verdeckt, und die Übungsleitung stellt den Teilnehmern die folgenden Fragen:

1. Was hat der Junge um den Hals?
2. Welche Farbe hat das Hemd des Jungen?
3. Welches Muster hat die Fliege des Jungen?
4. Welche Farbe hat der Blumenstrauß?
5. Welche Blumen sind in dem Blumenstrauß?
6. Welche Haarfarbe hat der Junge?

Lösung:

1. Fliege
2. blau-weiß
3. kariert
4. gelb, orange
5. Rosen
6. rot, blond

Leichte Variante:

DURCHFÜHRUNG:

Die Übungsleitung stellt einzeln eine Frage nach der anderen und zeigt den Teilnehmern nach jeder Frage kurz das Bild. Die Teilnehmer beantworten dann die Fragen.

© SingLiesel

Gemeinsam singen: „Hänschen klein“

Trainingsbereiche:	Musik Entspannung Wissen
Material:	keins; auf Wunsch Liedzettel
Zeit:	ca. 5 Minuten
Vorbereitung:	keine; ggf. Liedtext kopieren und austeilen

DURCHFÜHRUNG:

Da das Lied „Hänschen klein“ meist nur in einer stark abgekürzten Version gesungen wird, fragt die Übungsleitung die Teilnehmenden, ob sie den ganzen Text kennen. Der Text wird gemeinsam aufgesagt und gesungen.

Hänschen klein

Hänschen klein
ging allein
in die weite Welt hinein.
Stock und Hut
stehn ihm gut,
ist gar wohlgemut.
Doch die Mutter weinet sehr,
hat ja nun kein Hänschen mehr!
„Wünsch dir Glück!“,
sagt ihr Blick,
„kehr nur bald zurück!“

Sieben Jahr,
trüb und klar,
Hänschen in der Fremde war.
Da besinnt
sich das Kind,
eilt nach Haus geschwind.
Doch nun ist's kein Hänschen mehr.
Nein, ein großer Hans ist er.
Braun gebrannt
Stirn und Hand.
Wird er wohl erkannt?
Eins, zwei, drei
gehn vorbei,
wissen nicht, wer das wohl sei.
Schwester spricht:
„Welch Gesicht?“
Kennt den Bruder nicht.
Kommt daher sein Mütterlein,
schaut ihm kaum ins Aug hinein,
ruft sie schon:
„Hans, mein Sohn!
Grüß dich Gott, mein Sohn!“

Arbeitsblatt: Finden Sie die „Mama"

Trainingsbereich:	Konzentrieren
Material:	Kopien des Arbeitsblattes (Seite 94) 1 Stift für jeden Teilnehmer
Zeit:	ca. 4 Minuten
Vorbereitung:	Arbeitsblatt in ausreichender Anzahl kopieren

DURCHFÜHRUNG:

Die Übungsleitung verteilt Arbeitsblätter und Stifte und bittet die Teilnehmenden, die Aufgabe zu lösen. Die Lösung wird anschließend gemeinsam besprochen.

Lösung:

Filmamateur, Pharmamarkt

Leichte Variante:

Material:	Flipchart, Tafel oder Zettel

DURCHFÜHRUNG:

Die Übungsleitung schreibt jedes Wort einzeln in Großbuchstaben auf Flipchart, Tafel oder Zettel. Die Teilnehmenden entscheiden gemeinsam, ob das Wort MAMA darin vorkommt oder nicht.

Finden Sie die „Mama“! Welche Wörter enthalten das Wort MAMA?

Mammutbaum, Damaszener, Tamarinde,

Mausefalle, Normaldruck, Nomadenhaft,

Malbuchbild, Dalai-Lama, Kaltmamsell,

Zytoplasmamembran, Pharmamarkt,

Mammutprozess, Kaltmamsell, Alabama,

Melodrama, Jamaikaner, Ideendrama,

Reklamation, Riesensalamander, imaginär,

Firmament, Blutplasma, Maulschelle,

Ananasplantage, Filmamateur, Muttermal,

Analphabetentum, Nasentropfen

Muttertagsbild vervollständigen

Trainingsbereiche:	Mit Fantasie Assoziieren
Material:	Kopien des Arbeitsblattes (Seite 96) Buntstifte
Zeit:	ca. 10 Minuten
Vorbereitung:	Arbeitsblatt in ausreichender Anzahl kopieren

DURCHFÜHRUNG:

Selbst gemalte Bilder gehören zu den beliebtesten Geschenken zu Muttertag. In dieser Übung gestalten die Teilnehmenden selbst ein „Muttertagsbild" rund um ein Herz.
Die Übungsleitung verteilt die Arbeitsblätter und legt die Stifte in die Mitte des Tisches. Sie bittet die Teilnehmenden, das Bild auf dem Arbeitsblatt nach eigenen Vorstellungen auszugestalten. Wer möchte, kann sein Bild anschließend vorstellen.

Überschriften suchen

Trainingsbereiche: Worte finden
Mit Fantasie
Assoziieren

Material: Bildkarten (Seite 98)
Flipchart,
Tafel oder Zettel

Zeit: ca. 6 Minuten

Vorbereitung: Die Bildkarten einmal mit dem Farbkopierer kopieren und ausschneiden. Für den mehrfachen Gebrauch evtl. laminieren.

DURCHFÜHRUNG:

Die Übungsleitung schreibt die untenstehenden Überschriften auf Flipchart, Tafel oder Zettel. Die Bildkarten werden auf dem Tisch ausgelegt. Anschließend wählen die Teilnehmenden jeweils eine Bildkarte und entscheiden gemeinsam, welche Überschrift am besten zu dem Bild passt.

Überschriften:

Meereslust
Wachsendes Mutterglück
Mama bleibt Mama
Lesezeit
Selbst gezüchtet
Sommerzeit

Mittelschwere und schwere Variante:

DURCHFÜHRUNG:

Die Übungsleitung schreibt keine Überschriften auf. Die Teilnehmenden ziehen jeweils eine Bildkarte und denken sich selbst eine passende Überschrift dazu aus.

Bewegungslied: „Es war eine Mutter“

Trainingsbereiche:	Bewegung Musik Entspannung
Material:	Servietten in den Farben Grün, Gelb, Braun und Weiß
Zeit:	ca. 5 Minuten
Vorbereitung:	keine

DURCHFÜHRUNG:

Die Übungsleitung teilt die Servietten aus: Jeder Teilnehmer erhält eine Serviette – und von jeder Farbe werden gleich viele Servietten verteilt.
Gemeinsam wird das Lied „Es war eine Mutter, die hatte vier Kinder“ gesungen. In den ersten beiden Strophen werden bei dem Wort „Frühling“ die grünen Servietten hoch gehalten, bei dem Wort „Sommer“ die gelben Servietten, bei dem Wort „Herbst“ die braunen und bei dem Wort „Winter“ die weißen Servietten..
In der dritten Strophe werden alle Servietten über dem Kopf geschwenkt.

Es war eine Mutter, die hatte vier Kinder

1. Es war eine Mutter, die hatte vier Kinder,
   den Frühling, den Sommer, den Herbst und den Winter.

2. Der Frühling bringt Blumen, der Sommer den Klee,
   der Herbst, der bringt Trauben, der Winter den Schnee.

3. Und wie sie sich schwingen im Jahresreihn,
   so tanzen und singen wir fröhlich darein.

Mittelschwere und schwere Variante:

DURCHFÜHRUNG:

Jeder Teilnehmer bekommt zwei Servietten in unterschiedlichen Farben.

Quiz: Muttertagsmenü

Trainingsbereiche: Wissen
Urteilen
Konzentrieren

Material: keins

Zeit: ca. 4 Minuten

Vorbereitung: keine

DURCHFÜHRUNG:

Die Übungsleitung liest die folgenden Fragen und Antwortmöglichkeiten vor. Die Teilnehmenden raten, welche Antwort richtig ist. Wenn sie unsicher sind, betont die Übungsleitung, dass man einfach nur raten darf!

Quiz

1. Wozu gehören Erdbeeren aus botanischer Sicht?
a) Obst
b) Nüsse (Lösung)
c) Gemüse

2. Zu welcher Familie gehört die Erdbeere?
a) Rosengewächse (Lösung)
b) Liliengewächse
c) Tulpengewächse

3. Wenn man den Gemüsespargel wachsen lässt, bekommt irgendwann …
a) blaue Blüten
b) lilafarbene Früchte
c) rote Beeren (Lösung)

4. Weißer Spargel wird geerntet, …
a) bevor die Spargelspitzen die Oberfläche erreichen (Lösung)
b) wenn die ersten Blüten erscheinen
c) nachdem die Spitzen zwei Zentimeter über den Boden ragen

5. Wie wirkt Spargel als Heilpflanze?
a) sehkraftunterstützend
b) harntreibend (Lösung)
c) muskelaufbauend

Vorlesen: An meine Mutter

Trainingsbereich: Entspannung

Material: keins

Zeit: ca. 2 Minuten

Vorbereitung: keine

DURCHFÜHRUNG:

Die Übungsleitung liest das folgende Gedicht von Heinrich Heine vor. Die Teilnehmenden hören entspannt zu, und auf Wunsch können sie anschließend Assoziationen und Erinnerungen dazu austauschen.

An meine Mutter

Ich bin's gewohnt, den Kopf recht hoch zu tragen,
mein Sinn ist auch ein bisschen starr und zähe;
wenn selbst der König mir ins Antlitz sähe,
ich würde nicht die Augen niederschlagen.

Doch, liebe Mutter, offen will ich's sagen:
Wie mächtig auch mein stolzer Mut sich blähe,
in deiner selig süßen, trauten Nähe
ergreift mich oft ein demutvolles Zagen.

Ist es dein Geist, der heimlich mich bezwinget,
dein hoher Geist, der alles kühn durchdringet
und blitzend sich zum Himmelslichte schwinget?

Quält mich Erinnerung, dass ich verübet
so manche Tat, die dir das Herz betrübet?
Das schöne Herz, das mich so sehr geliebet?

Heinrich Heine

5 *Krabbelviecher*

Mit dem Sommer kommen auch die eher unangenehmen Zeitgenossen: Mücken und Wespen machen uns so manchen Aufenthalt im Freien madig. Doch auch Bienen fliegen ihre Runden und sorgen dafür, dass es köstlichen Honig gibt. Bei Spinnen teilen sich die Geister. Der eine sieht in ihnen nützliche Insektenfänger, der andere kann sich mit den langbeinigen Zeitgenossen nicht anfreunden.

Überblick über die Bausteine für das Gedächtnistraining zu dem Thema „Krabbelviecher"

Imkerei und biografische Anknüpfungspunkte

Trainingsbereiche: Mit allen Sinnen
Assoziieren
In Worte fassen
Worte finden

Material: Materialien rund um die Imkerei, zum Beispiel: verschiedene Honigsorten, Bienenwachskerze, Bild von Bienenstock, Bild mit einer Biene, Honiglöffel, Flasche Met, Honigkuchen

Zeit: ca. 15–20 Minuten

Vorbereitung: Das Material wird von der Übungsleitung so platziert, dass alle Teilnehmer es gut sehen können

DURCHFÜHRUNG:

Materialien rund um die Imkerei werden in die Mitte des Tischs gelegt. Die Übungsleitung regt aufkeimende Gespräche eventuell durch gezielte Fragestellungen oder das Vorlesen der Anekdote weiter an.

Beispiele für Fragen:

- Haben Sie Angst vor Bienen?
- Essen Sie gerne Honig?
- Kennen Sie Rezepte mit Honig?
  Wenn ja:
  → Welche?
- Haben Sie schon einmal einem Imker bei der Arbeit zugesehen?
- Welche Produkte mit Honig haben Sie schon selbst genutzt?
  Zum Beispiel:
  → Honigwein, Bienenwachskerzen, Pflegeprodukte mit Honig?
- Wurden Sie schon einmal von einer Biene gestochen?

Anekdote:

Die Übungsleitung liest diese Anekdote vor, um weitere Erinnerungen bei den Teilnehmern zu wecken.

Die Zeiten waren nicht immer leicht, aber durch unseren großen Garten hatten wir eigentlich immer etwas zu essen. Mein Vater hatte sogar eigene Bienen, und der süße Geschmack des Honigs war eine Wohltat in kargen Zeiten. Er hatte ein großes Bienenhaus aus Holz für die Bienen gebaut.

Alternative ohne Material

DURCHFÜHRUNG:

Die Teilnehmenden betrachten das folgende Bild anstelle des Materials

Sammlung: Stechende oder beißende Insekten

Trainingsbereiche: Assoziieren
Worte finden
Wissen

Material: Flipchart
Tafel oder Zettel

Zeit: ca. 3 Minuten

Vorbereitung: keine

DURCHFÜHRUNG:

Die Übungsleitung bittet die Teilnehmer möglichst viele Insekten zu nennen, die Stechen oder beißen können. Die genannten Insekten werden auf Flipchart, Tafel oder Zettel für alle sichtbar notiert.

Lösungsvorschläge

Biene, Wespe, Mücke, Hornisse, Hummel, Bremse, Ameise, Zecke, Floh

Schmetterling ausmalen

Trainingsbereiche:	Mit Fantasie Assoziieren
Material:	Kopien des Ausmalbildes Buntstifte
Zeit:	ca. 5–10 Minuten
Vorbereitung:	Ausmalbild kopieren

DURCHFÜHRUNG:

Die Übungsleitung verteilt die Kopien des Schmetterlingsbilds und legt die Buntstifte in die Tischmitte. Die Teilnehmer malen den Schmetterling mit den Buntstiften aus.

Gemeinsames Singen: „Summm, summ, summ, Bienchen, summ herum"

Trainingsbereiche:	Musik Entspannung
Material:	auf Wunsch Liedzettel
Zeit:	ca. 5 Minuten
Vorbereitung:	keine

DURCHFÜHRUNG:

Das Lied „Summ, summ, summ, Bienchen, summ herum" wird gemeinsam gesungen.

Summ, summ, summ, Bienchen, summ herum.
Ei wir tun dir nichts zuleide,
flieg nur aus in Wald und Heide.
Summ, summ, summ, Bienchen, summ herum.

Summ, summ, summ, Bienchen, summ herum.
Such in Blumen, such in Blümchen
dir ein Tröpfchen, dir ein Krümchen!
Summ, summ, summ, Bienchen, summ herum.

Summ, summ, summ, Bienchen, summ herum.
Kehre heim mit reicher Habe,
bau uns manche volle Wabe.
Summ, summ, summ, Bienchen, summ herum.

Summ, summ, summ, Bienchen, summ herum.
Bei den Heilig-Christ-Geschenken
wollen wir auch dein gedenken.
Summ, summ, summ, Bienchen, summ herum.

Summ, summ, summ, Bienchen, summ herum.
Wenn wir mit dem Wachsstock suchen
Pfeffernüss‹ und Honigkuchen.
Summ, summ, summ, Bienchen, summ herum.

Satzvollendung: Krabbelviecher

Trainingsbereiche:	In Worte fassen Worte finden Mit Fantasie
Material:	Kärtchen mit Satzanfängen
Zeit:	ca. 8 Minuten
Vorbereitung:	Kärtchen mit den Satzanfängen einmal kopieren und ausschneiden, evtl. für den mehrfachen Gebrauch laminieren.

DURCHFÜHRUNG:

Die Übungsleitung verteilt an jeden Teilnehmer ein Kärtchen mit einem Satzanfang. Nach einer halben Minute Bedenkzeit nennen die Teilnehmer reihum ihre ausgedachten Sätze.

Lösungsvorschläge

- Das Schöne an Mücken ist, dass sie auch böse Menschen stechen.
- An Wespen mag ich besonders ihr schönes Streifenmuster.
- Positiv an Spinnen ist, dass sie Fliegen fangen.
- An Schmetterlingen stört mich ihr hektisches Geflatter.
- Das Lästige an Marienkäfern ist, dass sie sich oft in Wohnungen verirren.
- Bienen sind für mich nützliche Honiglieferanten.
- Mistkäfer sollten lieber nicht so viele Mistkugeln transportieren.
- Ameisen sind nützlich für den Wald.
- Läuse wünscht sich niemand.
- Flöhe sind nützlich, weil sie im Zirkus auftreten können.

Das Schöne an Mücken ist ...
An Wespen mag ich besonders ...
Positiv an Spinnen ist ...
An Schmetterlingen stört mich ...
Das Lästige an Marienkäfern ist ...
Bienen sind für mich ...
Mistkäfer sollten lieber ...
Ameisen sind nützlich für ...
Läuse wünscht sich ...
Flöhe sind nützlich, weil ...

Arbeitsblatt: Der Weg zur Spinne

Trainingsbereiche:	Konzentrieren
Material:	Kopien des Arbeitsblatts Stifte
Zeit:	ca. 3 Minuten
Vorbereitung:	Arbeitsblatt in ausreichender Menge kopieren

DURCHFÜHRUNG:

Die Übungsleitung verteilt die Arbeitsblätter und bittet die Teilnehmer, die Aufgabe zu lösen. Die Lösung wird anschließend gemeinsam besprochen.

ARBEITSBLATT: DER WEG ZUR SPINNE

Wo findet der Kammerjäger die Spinne?
Welcher Weg ist der Richtige? Verfolgen Sie die Linien.

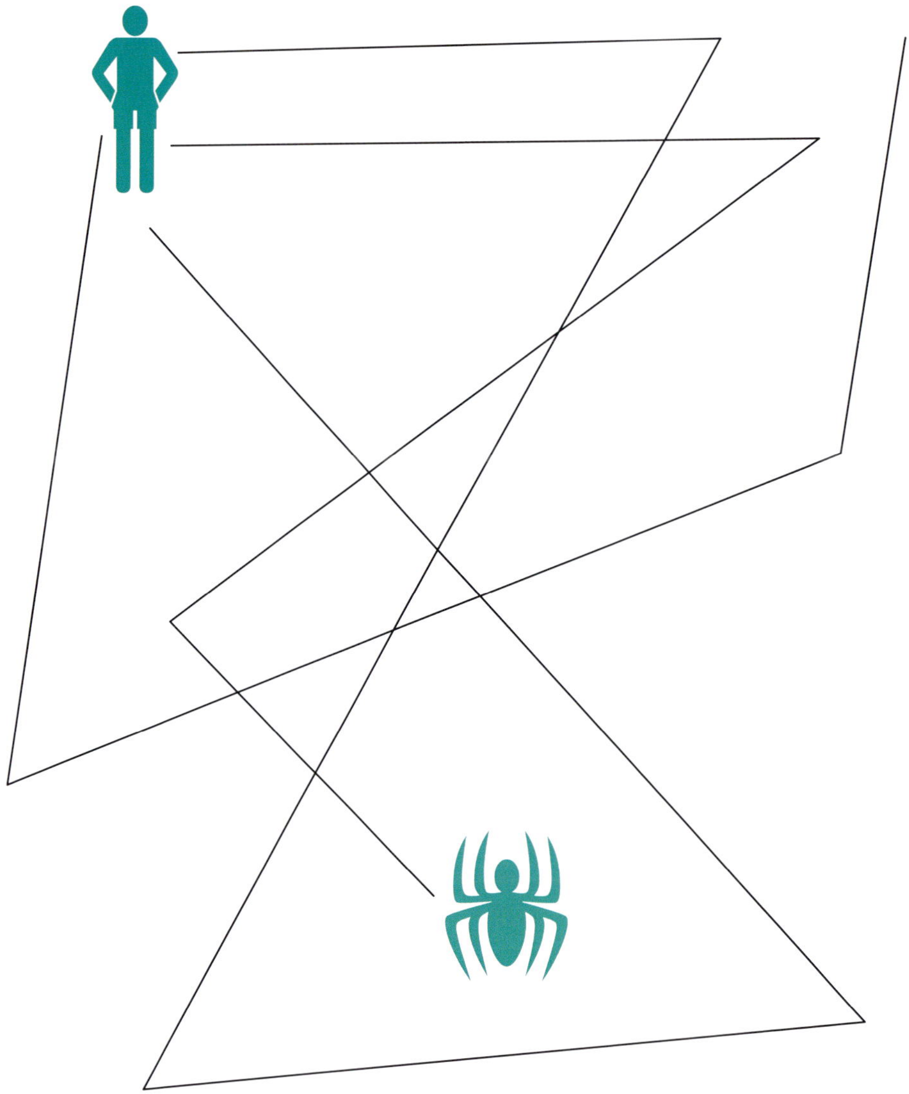

Was mögen Schnecken?

Trainingsbereiche:	Urteilen Wissen Konzentrieren
Material:	keins
Zeit:	ca. 4 Minuten
Vorbereitung:	keine

DURCHFÜHRUNG:

Die Übungsleitung nennt in durcheinandergewürfelter Reihenfolge die Namen der aufgeführten Pflanzen. Die Teilnehmenden heben die Hand, wenn sie denken, dass Schnecken die genannte Pflanze mögen. Die Übungsleitung löst nach jeder Pflanze auf.

Schnecken mögen nicht:

- Fingerhut
- Maiglöckchen
- Bartnelken
- Scharfgarbe
- Tränendes Herz
- Lavendel
- Rosmarin

Schnecken mögen:

- Rittersporn
- Astern
- Lupinen
- Tagetes
- Dahlien
- Löwenmäulchen
- Männertreu

→ Schnecken erweisen sich auch manchmal als unberechenbar. Vielleicht hat einer der Teilnehmer schon erlebt, dass eine Schnecke eine der Pflanzen gefressen hat, die unter „Schnecken mögen nicht …" stehen. Nutzen Sie solche Einwände, um ein Gespräch über Schnecken und deren Abwehr zu beginnen.

Informationen merken

Trainingsbereiche:	Merken Konzentrieren
Material:	keins
Zeit:	ca. 8 Minuten
Vorbereitung:	keine

DURCHFÜHRUNG:

Die Übungsleitung liest den Teilnehmenden den Informationstext über Flohzirkusse langsam vor und stellt im Anschluss die untenstehenden Fragen.

Flohzirkus

Früher war der Flohzirkus eine weit verbreitete Jahrmarktattraktion. Auf dem Oktoberfest tritt seit 1948 der Flohzirkus Birk auf. Er besteht seit dem 19. Jahrhundert. Man kann Flöhe nicht dressieren. Man muss die Flöhe beobachten und in „Springer" und „Läufer" einteilen. Flöhe, die eher zu den Springern gehören, können zum Beispiel „Tore schießen", wenn man sie mit einer kleinen Kugel geschickt vor einem Tor platziert. Läufer können mit einem feinen Silberfaden vor kleine Kutschen gespannt werden. Die Männchen von Menschen- und Igelflöhen eignen sich nicht für den Flohzirkus. Sie sind zu klein. Geeignet sind die Weibchen von Igel- und Menschenflöhen und Hunde- und Katzenflöhe.

Fragen

1. Welcher Flohzirkus tritt auf dem Oktoberfest auf?
2. Seit wann tritt der Flohzirkus auf dem Oktoberfest auf?
3. Seit wann besteht der Flohzirkus Birk?
4. Kann man Flöhe dressieren?
5. In welche Gruppen werden Zirkus-Flöhe eingeteilt?
6. Was können „Springer" für Kunststücke vorführen?
7. Was können „Läufer" für Kunststücke vorführen?
8. Womit können Flöhe vor eine kleine Kutsche gespannt werden?
9. Welche Flöhe sind nicht für einen Flohzirkus geeignet?
10. Welche Flöhe sind für einen Flohzirkus geeignet?

Leichte Variante:

Material: Kopien des Infotextes

DURCHFÜHRUNG:

Die Übungsleitung verteilt die Kopien des Informationstextes und liest diesen anschließend laut vor. Danach stellt die sie die oben aufgeführten Fragen. Die Teilnehmer können die Antwort aus dem Text heraussuchen.

Fliegenklatschen-Balance

Trainingsbereiche:	Bewegung Konzentrieren
Material:	1 Fliegenklatsche pro Teilnehmer Luftballons
Zeit:	ca. 5 Minuten
Vorbereitung:	keine

DURCHFÜHRUNG:

Jeder Teilnehmer bekommt eine Fliegenklatsche und einen Luftballon. Die Teilnehmer versuchen nun, den Luftballon so lange wie möglich auf der Fliegenklatsche zu balancieren.
Geübte Teilnehmer können den Luftballon dabei immer wieder in die Luft schleudern.

Zusammengesetzte Wörter

Trainingsbereiche:	Struktur und Zusammenhang Wissen Konzentrieren
Material:	kopierte Bild- und Textkarten
Zeit:	ca. 8 Minuten
Vorbereitung:	Bild- und Wortkarten einmal kopieren und ausschneiden. Nach Möglichkeit für den mehrfachen Gebrauch laminieren.

DURCHFÜHRUNG:

Die Übungsleitung mischt die Karten und verteilt sie offen auf einem Tisch. Sie fordert die Teilnehmer auf, zusammengesetzte Wörter zu bilden. Dazu wird jeweils eine Bildkarte mit einer passenden Wortkarte kombiniert. Gespielt wird reihum. Jeder nennt sein zusammengesetztes Wort.

Lösungen

- Flohzirkus
- Mauerbiene
- Wäschespinne
- Bettwanze
- Fliegenpilz
- Kartoffelkäfer
- Schmetterlingshaus
- Raupenbagger
- Ohrwurm
- Wespentallie

Floh-	
	**-Biene**
	**-Spinne**
	**-Wanze**
Fliegen-	

	**-Käfer**
Schmetterlings-	
Raupen-	
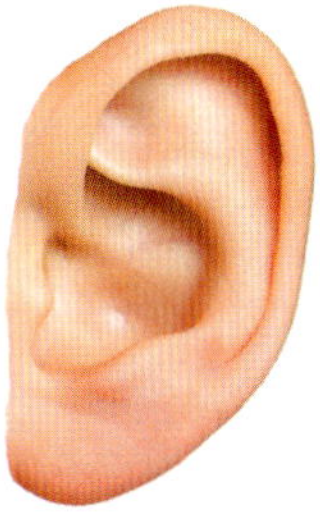	**-Wurm**
Wespen-	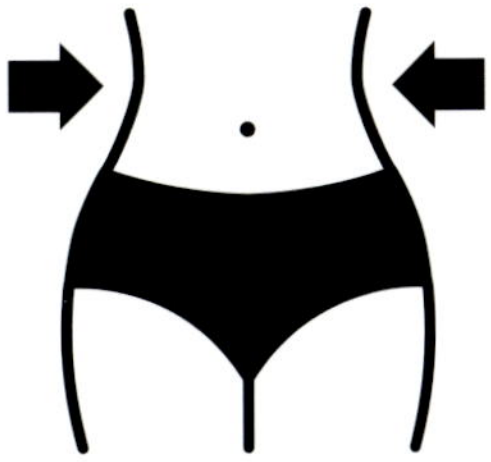

Arbeitsblatt: Buchstabenmix

Trainingsbereiche:	Worte finden Konzentrieren
Material:	Kopien des Arbeitsblattes 1 Stift für jeden Teilnehmer
Zeit:	ca. 10 Minuten
Vorbereitung:	Arbeitsblätter in ausreichender Anzahl kopieren

DURCHFÜHRUNG:

Die Übungsleitung verteilt die Arbeitsblätter und bittet die Teilnehmer, die Aufgabe zu lösen. Die Lösung wird anschließend gemeinsam besprochen.

Lösung

1. Libelle
2. Spinne
3. Mistkäfer
4. Biene
5. Fliege
6. Heuschrecke
7. Wespe
8. Hornisse
9. Mücke
10. Marienkäfer

Leichte Variante:

Material: Flipchart, Tafel oder Zettel

DURCHFÜHRUNG:

Die Übungsleitung schreibt ein Lösungswort nach dem anderen auf Flipchart, Tafel oder Zettel. Die Teilnehmer suchen jeweils den entsprechenden Buchstabenmix auf ihrem Arbeitsblatt und nennen die Nummer dazu.

Welche Insekten sind hier versteckt?
Bringen Sie die Buchstaben in die richtige Reihenfolge:

1. IEELLLB → ____________________
2. IPENSN → ____________________
3. FRTEÄSKMI → ____________________
4. NEBEI → ____________________
5. LEEGIF → ____________________
6. RCHECEHKESU → ____________________
7. EEPSW → ____________________
8. RINSEOHS → ____________________
9. CEKMÜ → ____________________
10. AEÄFERNKMIR → ____________________

6 oder 8 Beine?

Trainingsbereiche: Wissen
Urteilen
Konzentrieren

Material: Zahlenkarten

Zeit: ca. 2 Minuten

Vorbereitung: Die Übungsleitung kopiert für jeden Teilnehmer die Zahlenkarten und schneidet sie aus.

DURCHFÜHRUNG:

Jeder Teilnehmer erhält eine Zahlenkarte mit einer 8 und eine Zahlenkarte mit einer 6. Die Übungsleitung liest die Namen der Tiere in durcheinandergewürfelter Reihenfolge vor. Die Teilnehmer raten, wie viele Beine das Tier hat, und halten die entsprechende Zahlenkarte hoch. Die Übungsleitung löst nach jedem Tier auf.

Lösung

Milbe: 8
Zecke: 8
Weberknecht: 8
Kreuzspinne: 8

Floh: 6
Schnake: 6
Nachtfalter: 6
Borkenkäfer: 6

6	**8**

Fantasiereise: Marienkäfer

Trainingsbereiche:	Entspannung
Material:	keins
Zeit:	ca. 5 Minuten
Vorbereitung:	keine

DURCHFÜHRUNG:

Die Übungsleitung liest den folgenden Text Fantasiereise langsam und ruhig vor.

Fantasiereise: Marienkäfer

Setzen Sie sich entspannt hin. Suchen Sie sich eine bequeme Position für Ihre Arme und Ihre Beine. Wenn Sie möchten, schließen Sie die Augen. Kommen Sie mit auf eine kleine Reise in die Welt der Fantasie.

– Pause –

Es ist ein wunderschöner Sommertag. Sie schlendern über eine Wiese, und die Sonnenstrahlen wärmen Ihr Gesicht.

– Pause –

Sie genießen die warmen Sonnenstrahlen und atmen tief ein. Ihr Blick gleitet über die Wiese. Das Gras leuchtet in einem satten, dunklen Grün.

– Pause –

Kleine Blumen leuchten zwischen den Grashalmen. Sie haben ein kleines weiß-rosa Gänseblümchen entdeckt und bücken sich, um es aus der Nähe zu betrachten.

– Pause –

Auf der Blüte des Gänseblümchens sitzt ein kleiner roter Marienkäfer. Auf dem Rücken des Marienkäfers zählen Sie fünf glänzende, schwarze Punkte.

– Pause –

Sie richten sich wieder auf und entdecken zwei Libellen, die über die Wiese gleiten. Der Flug der Libellen erinnert Sie an den Tanz von zwei Verliebten.

– Pause –

Sie genießen den anmutigen Anblick der Libellen. Der Einklang der Natur hat Sie ruhig werden lassen.

– Pause –

Sie fühlen einen tiefen inneren Frieden. Sie spüren die warmen Sonnenstrahlen auf Ihrer Haut. Sie betrachten noch einmal den kleinen Marienkäfer. Sie verabschieden sich von den Libellen.

– Pause –

Sie atmen tief ein und wieder aus. Sie fühlen sich ruhig, ausgeruht und entspannt. Sie öffnen die Augen und gehen mit neuer Kraft in den Tag.

6 *Fruchtsalat*

Saftige Birnen, rot glänzende Kirschen und süße Himbeeren: Früchte sind der Inbegriff des Sommers. Pur sind sie ein wichtiger Beitrag zu unserer Gesundheit. In Kuchen, Torte oder Sirup ein Erlebnis für unsere Geschmacksnerven. Es gibt kaum ein Kind, das früher nicht einmal Obst aus Nachbars Garten geklaut hätte. Und das Obst aus Nachbars Garten war immer das süßeste.

Überblick über die Bausteine für das Gedächtnistraining zu dem Thema „Fruchtsalat"

Früchte und biografische Anknüpfungspunkte

Trainingsbereiche: Mit allen Sinnen
Assoziieren
In Worte fassen
Worte finden

Material: verschiedene Früchte

Zeit: ca. 15–20 Minuten

Vorbereitung: Das Material wird von der Übungsleitung so platziert, dass alle Teilnehmer es gut sehen können.

DURCHFÜHRUNG:

Die Früchte werden in die Mitte des Tischs gelegt. Entstehende Gespräche können durch gezielte Fragestellungen oder das Vorlesen der Anekdote weiter angeregt werden.

Beispiele für Fragen:

- Was ist ihr Lieblingsobst?
- Bauen Sie selbst Obst an bzw. haben Sie früher selbst Obst angebaut?
- Haben Sie als Kind einmal Früchte aus einem fremden Garten geklaut?
- Kochen Sie selbst Marmelade bzw. haben Sie früher selbst Marmelade gekocht?
  Wenn ja:
  → Aus welchen Obstsorten?
  → Erinnern Sie sich noch an das genaue Rezept?
- Wurde Obst noch auf andere Arten haltbar gemacht?
  Zum Beispiel:
  → Wurden Äpfel eingelagert?
  → Wurde Apfelmus/Pflaumenmus gekocht?
- Welche Gerichte bzw. welches Gebäck mit Obst schmeckt Ihnen besonders gut?

Anekdote:

Diese Anekdote kann vorgelesen werden, um Erinnerungen bei den Teilnehmern zu wecken:

Bei unserem Nachbarn im Garten hingen die schönsten Kirschen. Nur leider waren die Vögel oft schneller als der Nachbar. Sie haben die schönen Kirschen einfach geklaut. Manchmal sind wir Kinder über den Zaun geklettert und haben uns auch Kirschen geklaut. Die waren herrlich süß und aromatisch. Danach haben wir dem Nachbarn erzählt, dass wir schon wieder eine dicke Taube in seinem Baum gesehen hätten, die an seinen Kirschen pickte.

Alternative ohne Material

DURCHFÜHRUNG:

Die Teilnehmenden betrachten das folgende Bild anstelle des Materials.

Sammlung: Äpfel

Trainingsbereiche: Assoziieren
Worte finden
Wissen

Material: Flipchart,
Tafel oder Zettel

Zeit: ca. 3 Minuten

Vorbereitung: keine

DURCHFÜHRUNG:

Die Übungsleitung stellt die Frage, was man alles aus Äpfeln machen kann. Die genannten Gerichte werden auf Flipchart, Tafel oder Zettel für alle sichtbar notiert.

Lösungsvorschläge:

Apfelmus, Apfelkuchen, Apfelsaft, Apfelkrapfen, Apfelringe, Apfelpfannkuchen, Apfel im Schlafrock, Apfelgelee, Apfelkraut, Apfel-Rotkohl, Bratapfel, Liebesapfel

Rundes Obst gestalten

Trainingsbereiche:	Mit Fantasie Assoziieren
Material:	Kopien des Arbeitsblattes Buntstifte
Zeit:	ca. 6 Minuten
Vorbereitung:	Arbeitsblatt in ausreichender Anzahl kopieren.

DURCHFÜHRUNG:

Die Übungsleitung verteilt die Arbeitsblätter und legt die Buntstifte in die Tischmitte. Dann bittet sie die Teilnehmer, die Aufgabe zu lösen. Die Lösung wird anschließend im Plenum besprochen.

Lösungsvorschläge:

Kirsche, Apfel, Pfirsich, Heidelbeere, Johannisbeere, Melone

Welches Obst kann rund sein?
Gestalten Sie die Kreise so, dass sie runde Obstsorten darstellen.

Gemeinsames Singen: „Spannenlanger Hansel"

Trainingsbereiche:	Musik Entspannung
Material:	auf Wunsch Liedzettel
Zeit:	ca. 4 Minuten
Vorbereitung:	keine

DURCHFÜHRUNG:

Singen Sie gemeinsam mit den Teilnehmenden das Lied „Spannenlanger Hansel".

„Spannenlanger Hansel,
nudeldicke Dirn,
geh'n wir in den Garten,
schütteln wir die Birn'.
Schüttel' ich die großen,
schüttelst du die klein',
wenn das Säckchen voll ist,
geh'n wir wieder heim."

„Lauf doch nicht so eilig,
spannenlanger Hans!
Ich verlier' die Birnen
und die Schuh noch ganz."
„Trägst ja nur die kleinen,
nudeldicke Dirn,
und ich schlepp' den schweren Sack
mit den großen Birn'."

Gespräch ergänzen: Redewendungen

Trainingsbereiche:	In Worte fassen Worte finden Mit Fantasie
Material:	keins
Zeit:	ca. 10 Minuten
Vorbereitung:	keine

DURCHFÜHRUNG:

Die Teilnehmer sollen Aussagen zu erfinden, zu denen die folgenden vorgegebenen Antworten passen. Die Übungsleitung liest die Antworten einzeln vor.

„Da musst du wohl in den sauren Apfel beißen!"

„Ja, der Apfel fällt nicht weit vom Stamm!"

„Mit dem ist aber nicht gut Kirschen essen!"

„Da hat wohl jemand einen weichen Kern unter der harten Schale!"

„Da hat sie dich aber ausgequetscht wie eine Zitrone!"

„Das finde ich völlig Banane!"

„Ja, ich war auch gerührt wie Apfelmus!"

„Die Kirschen in Nachbarsgarten sind immer süßer!"

Lösungsvorschläge (Beispiele):

„Ich habe keine Lust, morgen die Prüfung zu schreiben. Mir fällt das Thema sehr schwer!"

„Hänschen sieht seinem Vater Hans sehr ähnlich!"

„Unser Nachbar ist sehr anstrengend. Er hat immer etwas zu meckern!"

„Der griesgrämige Herr Schubert hat doch tatsächlich ein wunderschönes Schaukelpferd für seine Enkeltochter gebaut!"

„Die neugierige Frau Obermüller hat von mir unbedingt wissen wollen, wer nebenan eingezogen ist. Tausend Fragen hat sie mir gestellt!"

„Ich ziehe nur noch rote Hemden und grüne Hosen an!"

„Die Kinder haben so schön gesungen! Mir kamen fast die Tränen vor Freude."

„Das Haus meiner Schwester ist viel schöner als unseres. Die Farbe ist hübscher, die Zimmer sind größer, und der Garten ist besser aufgeteilt!"

Leichte Variante:

Material: Flipchart, Tafel oder Zettel

DURCHFÜHRUNG:

Die Übungsleitung schreibt die Antwortsätze auf Flipchart, Tafel oder Zettel und liest sie zunächst laut vor. Danach liest sie in veränderter Reihenfolge die Lösungsvorschläge einzeln vor und bittet die Teilnehmer zu entscheiden, welche Antwort dazu passen könnte.

Arbeitsblatt: Wortschlange

Trainingsbereiche:	Konzentrieren
Material:	Kopien des Arbeitsblattes 1 Stift für jeden Teilnehmer
Zeit:	ca. 8 Minuten
Vorbereitung:	Arbeitsblatt in ausreichender Anzahl kopieren

DURCHFÜHRUNG:

Die Übungsleitung verteilt Arbeitsblätter und Stifte und bittet die Teilnehmer, die Aufgabe zu lösen und die Namen der Früchte zu markieren.
Die Lösung wird anschließend gemeinsam besprochen.

Lösung:

Pflaumen, Bananen, Birnen, Nektarinen, Erdbeeren, Äpfel, Quitten, Johannisbeeren, Kirschen, Pfirsiche, Melonen

Leichte Variante:

Material:	Flipchart, Tafel oder Zettel

DURCHFÜHRUNG:

Die Übungsleitung notiert die Lösungswörter auf Flipchart, Tafel oder Zettel und bittet die Teilnehmer, die Wörter auf dem Arbeitsblatt zu finden.

Welche Früchte haben sich in der Wortschlange versteckt?

OPELKSNBANANENDJANDPWOWN

WWBKIBIRNENHDJALASKDJLASKNBIRN

MAOEPGELGHKALSJNDFNASLDFLSDAK

NEKTARINENPOSHGZUNPOERDBEEREN

SADJFHSDKAJFHJAKJDÄPFELDFAJKDBWU

WJWÖÄPKLEKENSBQUZUOIPOLITERAUIS

DEBNQUITTENJOIPJOÄPFOPKSANNMNUI

OJOHANNISBEERENDFSDFJNNNNNH

GEUMELÄPBANOPKKIRSCHENDAOIPFIBI

REOIEDJEIEHJNLÖDKADSKFNLAKNKKD

PFIRSICHEERZDNUPDÄPBIRMNENMELPIUZ

MELONENSDDNUPONHJKUS

Reihenfolge bestimmen: Vitamin-C-Gehalt von Früchten

Trainingsbereiche:	Urteilen Wissen Konzentrieren
Material:	Wortkarten
Zeit:	ca. 5 Minuten
Vorbereitung:	Die Karten mit den Namen der Früchte einmal kopieren und ausschneiden. Für den mehrfachen Gebrauch evtl. laminieren.

DURCHFÜHRUNG:

Die Karten werden gemischt und offen auf dem Tisch verteilt. Die Teilnehmer versuchen, die Früchte nach ihrem Vitamin-C-Gehalt zu sortieren.
Hierbei steht nicht Wissen, sondern Raten im Vordergrund.

Lösung

Früchte, geordnet nach ihrem Vitamin-C-Gehalt[1]:

Hagebutten	→	1250 mg/100 g Frucht
Sanddornbeeren	→	450
Schwarze Johannisbeeren	→	77
Erdbeeren	→	62
Zitronen	→	53
Apfelsinen	→	50
Kiwis	→	46
Grapefruits	→	44

1 Quelle: http://gesundheit.real.de/ernaehrung-gesundheit/naehrstoffbedarf/vitamine/der-vitamin-c-gehalt-von-obst-im-ueberblick.html

Hagebutten
Sanddornbeeren
Schwarze Johannisbeeren
Erdbeeren
Zitronen
Apfelsinen
Kiwis
Grapefruits

Buchstabenfelder merken

Trainingsbereiche:	Merken Konzentrieren
Material:	Kopien des Arbeitsblattes 1 Stift pro Teilnehmer
Zeit:	ca. 7 Minuten
Vorbereitung:	Arbeitsblatt in ausreichender Anzahl kopieren

DURCHFÜHRUNG:

Die Übungsleitung verteilt Arbeitsblätter und Stifte, und jeder Teilnehmer faltet sein Arbeitsblatt quer in der Feldmitte, sodass die Buchstaben nicht zu sehen sind. Die Falz befindet sich unten. Die Teilnehmer versuchen, sich die Position der elf grauen Felder zu merken. Sie haben dazu zwei bis drei Minuten Zeit. Dann drehen sie das gefaltete Blatt um und markieren die Buchstaben, die sich genau dort befinden, wo auf der anderen Seite die grauen Felder waren. Aus diesen Buchstaben ergibt sich ein Lösungswort.

Lösung

PFLAUMENMUS

Mittelschwere Variante:
Die Teilnehmer falten das Blatt nicht und können beide Teile gleichzeitig betrachten. Sie finden heraus, welche Buchstaben sich an den Positionen der grauen Felder befinden, und setzen daraus das Lösungswort zusammen. Sie benutzen dabei keinen Stift.

Leichte Variante:
Die Teilnehmer falten das Blatt nicht und können beide Teile gleichzeitig betrachten. Sie markieren mit einem Stift die Buchstaben, die sich an den Positionen der grauen Felder befinden. Anschließend lesen sie das Lösungswort vor.

P	E	R	F	T
Z	L	A	U	O
D	F	G	U	M
E	H	N	J	Ö
K	M	U	L	S

Bewegungsabläufe erinnern: Apfelkuchen

Trainingsbereiche:	Bewegung Wissen
Material:	keins
Zeit:	ca. 5 Minuten
Vorbereitung:	keine

DURCHFÜHRUNG:

Vom Baum in den Apfelkuchen: Die Teilnehmer nennen die Schritte, die nötig sind, um einen Apfelkuchen zu backen. Sie beginnen mit dem Pflücken der Äpfel vom Apfelbaum. Die Teilnehmenden nennen reihum jeweils eine Tätigkeit, die ausgeführt werden muss, und alle ahmen diese Tätigkeit nach.

Lösungsbeispiel

- Mit einer Leiter auf den Apfelbaum klettern.
- Äpfel pflücken (oben, unten, rechts und links) und in einen Korb legen.
- Die Leiter hinunterklettern.
- Die Äpfel schälen und entkernen.
- Die Zutaten für den Teig in eine Schüssel geben (Eier, Mehl, Zucker, Butter).
- Den Teig kneten.
- Den Teig ausrollen.
- Den Teig in eine Backform legen.
- Die Äpfel auf dem Teig verteilen.
- Den Apfelkuchen in den Ofen schieben.
- Den Apfelkuchen aus dem Ofen herausholen.
- Den Kuchen aus der Form nehmen.Den Apfelkuchen aufschneiden.
- Den Kuchen auf Tellern verteilen.
- Den Apfelkuchen essen.

Wörter zusammensetzen

Trainingsbereiche:	Struktur und Zusammenhang Wissen Konzentrieren Worte finden
Material:	kopierte Bild- und Textkarten
Zeit:	ca. 6 Minuten
Vorbereitung:	Bild- und Textkarten einmal kopieren und ausschneiden. Nach Möglichkeit für den mehrfachen Gebrauch laminieren.

DURCHFÜHRUNG:

Die Übungsleitung mischt die Karten und verteilt sie offen auf einem Tisch. Die Teilnehmer nehmen reihum eine Bildkarte und suchen dazu eine passende Textkarte, sodass aus beiden ein zusammengesetztes Wort entsteht.
Beispiel: Bildkarte „Pferde" + Textkarte „Apfel" = „Pferdeapfel"

Lösung:

- Pferdeapfel
- Eierpflaume
- Ohrfeige
- Herzkirsche
- Wassermelone
- Menschentraube
- Vogelbeere
- Zitronengras

	**Apfel**
	**Pflaume**
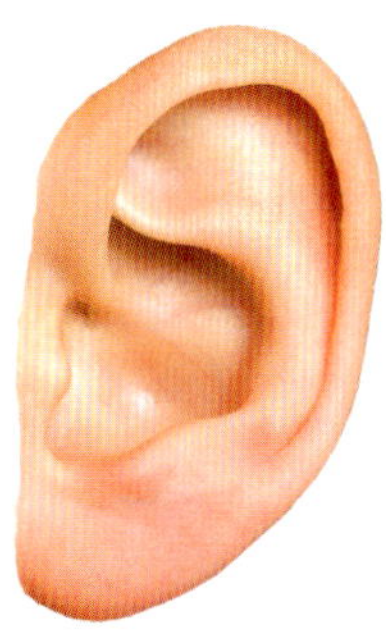	**Feige**
	**Kirsche**

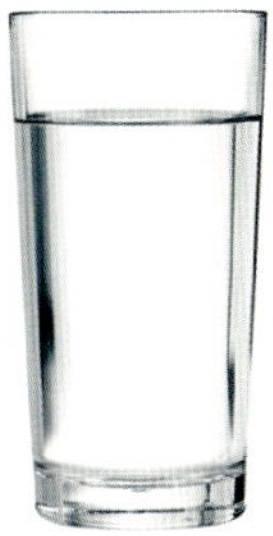	**Melone**
	**Traube**
	**Beere**
	**Zitronen**

Wörter-Domino

Trainingsbereiche: Worte finden
Konzentrieren

Material: Wortkärtchen

Zeit: ca. 10 Minuten

Vorbereitung: Die Übungsleitung kopiert einmal die Wortkärtchen, schneidet sie aus und kann sie für den mehrfachen Gebrauch laminieren.

DURCHFÜHRUNG:

Die Wortkärtchen werden gemischt und offen auf dem Tisch verteilt. Die Teilnehmer versuchen, die Kärtchen so aneinanderzusetzen, dass jedes Wort mit seinen beiden Nachbarwörtern jeweils ein neues, zusammengesetztes Wort ergibt.

Beispiel: Frucht – Eis – Tee: Fruchteis, Eistee.

Es können mehrere Wörterschlangen entstehen oder nur eine einzige.

Lösungsbeispiel:

So passt alles zusammen:
Apfel-Kern-Frucht-Eis-Tee-Blatt-Gold-Zahn-Arzt-Zimmer-Mädchen-Namen(s)-Tag-Traum-Auto-Markt-Platz-Regen-Tanz-Abend-Land-Karten-Spiel-Haus-Bau-Holz-Kopf

Apfel	Kern	Frucht
Eis	Tee	Blatt
Gold	Zahn	Arzt
Zimmer	Mädchen	Namen(s)
Tag	Traum	Auto
Markt	Platz	Regen
Tanz	Abend	Land
Karten	Spiel	Haus
Bau	Holz	Kopf

Um die Ecke gedacht: Früchte

Trainingsbereiche: Wissen
Urteilen
Konzentrieren

Material: keins

Zeit: ca. 5 Minuten

Vorbereitung: keine

DURCHFÜHRUNG:

Die Übungsleitung liest jeweils eine der folgenden Umschreibungen vor. Die Teilnehmenden raten, welche Frucht damit gemeint sein könnte.

1. Trotz ihres Namens ist diese Frucht keine Beere, sondern gehört zu der Gattung der Nüsse.
2. Das Teekesselchen dieser Frucht spendet Licht.
3. Der Name dieser Frucht wird als „sanfte" Beleidigung genutzt, zum Beispiel, wenn jemand seiner Aufgabe nicht gewachsen ist.
4. Einer Körperform, die dieser Frucht ähnelt, schreiben die Mediziner ein erhöhtes Herzinfarktrisiko zu.
5. Viele halten diese Frucht für ein Gemüse. Früher wurde sie auch als Liebesapfel bezeichnet.
6. Wenn die Haut eines Menschen sehr weich ist, wird sie oft mit der Haut dieser Frucht verglichen.

Lösung:

1. Erdbeere
2. Birne
3. Pflaume
4. Apfel
5. Tomate
6. Pfirsich

Leichte Variante

Material: Flipchart, Tafel oder Zettel

DURCHFÜHRUNG:

Die Übungsleitung schreibt die Lösungen in durcheinandergewürfelter Reihenfolge auf Flipchart, Tafel oder Zettel. Sie liest die Umschreibungen vor, und die Teilnehmenden raten, welche der aufgeschriebenen Lösungsmöglichkeiten infrage kommt.

Fingerspiel

Trainingsbereiche:	Entspannung Wissen
Material:	keins
Zeit:	ca. 1 Minute
Vorbereitung:	keine

DURCHFÜHRUNG:

Die Übungsleitung fragt die Teilnehmer, ob sie das bekannte Fingerspiel „Das ist der Daumen" kennen. Die Teilnehmer und die Übungsleitung sagen das Fingerspiel gemeinsam auf und berühren dabei die entsprechenden Finger.

Das ist der Daumen,	(Daumen)
der schüttelt die Pflaumen,	(Zeigefinger)
der hebt sie auf,	(Mittelfinger)
der bringt sie nach Haus,	(Ringfinger)
und der Kleine isst sie alle, alle auf.	(kleiner Finger)

7 Herbstspaziergang

Ein Herbstspaziergang ist etwas ganz Besonders: Die bunten Farben der Bäume und das leise Rascheln des Laubs unter den Schuhen kann man in keiner anderen Jahreszeit erleben. Kaum ein Kind, das Herbstspaziergänge nicht nutzt, um sich die Taschen mit Kastanien und Eicheln zu füllen.

Überblick über die Bausteine für das Gedächtnistraining zu dem Thema „Herbstspaziergang"

Herbst und biografische Anknüpfungspunkte

Trainingsbereiche: Mit allen Sinnen
Assoziieren
In Worte fassen
Worte finden

Material: Materialien rund um den Herbst, zum Beispiel:
bunte Blätter, Kastanien, Eicheln, Bucheckern, Kartoffeln, Drachen, ein Bild von einem Igel (s. u.)

Zeit: ca. 15–20 Minuten

Vorbereitung: Das Material wird von der Übungsleitung so platziert, dass alle Teilnehmer es gut sehen können.

DURCHFÜHRUNG:

Materialien rund um den Herbst liegen in die Mitte des Tischs. Die Übungsleitung regt aufkeimende Gespräche durch gezielte Fragestellungen oder das Vorlesen der Anekdote weiter an.

Beispiele für Fragen:

- Haben Sie früher Kastanien gesammelt?
  Wenn ja:
  → Was haben Sie mit den Kastanien gemacht?
- Haben Sie früher Bucheckern gesammelt?
- Welche Gerichte essen Sie gerne im Herbst?
- Haben Sie schon einmal einen Drachen steigen lassen?
  Wenn ja:
  → Ist Ihnen schon einmal ein Drachen weggeflogen?
- Haben Sie schon einmal einen Drachen selbst gebastelt?
  Wenn ja:
  → Womit und wie sah er aus?
- Haben Sie schon einmal einen Igel gesehen?
  Wenn ja:
  → Wo?

Anekdote:

Diese Anekdote kann vorgelesen werden, um bei den Teilnehmenden Assoziationen und Erinnerungen zu wecken.

In einem Winter habe ich einen unterernährten Igel gefunden. Den haben wir bei uns zu Hause aufgepäppelt. Der Igel wohnte in unserem Badezimmer. Ich weiß nicht, ob es an dem Futter lag, das wir dem Igel gaben, aber er hat immer fürchterlich gepupst. Und die Pupse haben sehr gestunken. Unser Badezimmer hat in diesem Winter niemals frisch gerochen.

Alternative ohne Material

DURCHFÜHRUNG:

Die Teilnehmenden betrachten das folgende Bild anstelle des Materials.

Reimwörter finden

Trainingsbereiche:	Assoziieren Worte finden
Material:	keins
Zeit:	ca. 2 Minuten
Vorbereitung:	keine

DURCHFÜHRUNG:

Die Übungsleitung nennt nacheinander die aufgeführten Herbstwörter. Die Teilnehmenden nennen dazu jeweils ein Reimwort.

- Igel
- Drachen
- Kastanie
- Wein
- Blatt
- Laub
- Getreide
- Heu
- Traube
- Eichel
- Buchecker

Lösungsvorschläge:

Igel → Ziegel
Drachen → krachen
Kastanie → Geranie
Wein → Schein
Blatt → satt
Laub → Staub
Getreide → Seide
Heu → scheu
Traube → Laube
Eichel, → Speichel,
Buchecker → Trecker

Leichte Variante:

Material: Karteikarten

DURCHFÜHRUNG:

Die Übungsleitung schreibt sowohl die Herbstwörter als auch die unter „Lösungsvorschläge" angegebenen Reimwörter auf Karteikarten (ein Wort pro Karte). Die Karten werden gemischt und offen auf dem Tisch verteilt. Die Teilnehmer suchen die Reimpaare.

Bastelideen mit Kastanien

Trainingsbereiche:	Mit Fantasie Worte finden Assoziieren
Material:	keins
Zeit:	ca. 10 Minuten
Vorbereitung:	keine

DURCHFÜHRUNG:

Die Übungsleitung bittet die Teilnehmenden, Bastelarbeiten zu nennen, für die man Kastanien benutzen kann. Wie sehen diese Bastelarbeiten aus, und wie werden sie gemacht?

Beispiele

- Tiere (mit Streichhölzern/Zahnstochern)
- Kränze
- Teelichthalter
- Männchen

Gegenteil gesucht

Trainingsbereiche:	In Worte fassen Worte finden Wissen
Material:	keins
Zeit:	ca. 3 Minuten
Vorbereitung:	keine

DURCHFÜHRUNG:

Die Übungsleitung liest jeweils einen Satz und die dazugehörige Frage vor. Sie bittet die Teilnehmer, die Antwort in einem ganzen Satz zu formulieren.

1. Der Wind ist kalt. Wie ist die Sonne?
2. Die Nacht ist dunkel. Wie sind Laternen?
3. Drachen sind bunt. Wie sind Wolken?
4. Igel sind stachelig. Wie sind Kaninchen?
5. Drachenschnüre sind lang. Wie sind Regenwürmer?
6. Weintrauben sind süß. Wie sind Johannisbeeren?
7. Sandboden ist locker. Wie ist Lehmboden?
8. Eicheln sind klein. Wie sind Eichen?
9. Tannenzapfen sind rau. Wie sind Kastanien?
10. Pfützen sind nass. Wie ist Staub?
11. Weizenähren sind schmal. Wie sind Maiskolben?

Lösungsvorschläge:

1. Die Sonne ist warm.
2. Laternen sind hell.
3. Wolken sind weiß.
4. Kaninchen sind weich.
5. Regenwürmer sind kurz.
6. Johannisbeeren sind sauer.
7. Lehmboden ist fest.
8. Eichen sind groß.
9. Kastanien sind glatt.
10. Staub ist trocken.
11. Maiskolben sind dick.

Schwere Variante:

DURCHFÜHRUNG:

Die Variante folgt dem gleichen Muster. Jedoch liest die Übungsleitung nur den ersten Satz jeder Aufgabe vor. Die Teilnehmer denken sich nun selbst dazu die „Gegenteil-Frage" aus. Sie dürfen auch selbst die Lösung dazu nennen.

→ Auch hier werden ganze Sätze formuliert!
→ Erläutern Sie die Aufgabenstellung anhand eines Beispiels!

Gemeinsames Singen: „Bunt sind schon die Wälder“

Trainingsbereiche:	Musik Entspannung
Material:	keins (auf Wunsch Liedzettel)
Zeit:	ca. 4 Minuten
Vorbereitung:	keine

DURCHFÜHRUNG:

Das Lied „Bunt sind schon die Wälder“ wird gemeinsam gesungen.
Im Anschluss können dazu Erinnerungen ausgetauscht werden.

1.
Bunt sind schon die Wälder,
gelb die Stoppelfelder,
und der Herbst beginnt.
Rote Blätter fallen,
graue Nebel wallen,
kühler weht der Wind.

2.
Wie die volle Traube
aus dem Rebenlaube
purpurfarbig strahlt!
Am Geländer reifen
Pfirsiche, mit Streifen
rot und weiß bemalt.

3.
Flinke Träger springen,
und die Mädchen singen,
alles jubelt froh!
Bunte Bänder schweben
zwischen hohen Reben
auf dem Hut von Stroh.

4.
Geige tönt und Flöte
bei der Abendröte
und im Mondesglanz.
Junge Winzerinnen
winken und beginnen
frohen Erntetanz.

Silben zu Herbstwörtern kombinieren

Trainingsbereiche:	Konzentrieren Worte finden
Material:	Kopien des Arbeitsblattes 1 Stift für jeden Teilnehmer
Zeit:	ca. 8 Minuten
Vorbereitung:	Arbeitsblatt in ausreichender Anzahl kopieren

DURCHFÜHRUNG:

Die Übungsleitung verteilt die Arbeitsblätter und bittet die Teilnehmer, die Aufgabe zu lösen. Die Lösung wird anschließend gemeinsam besprochen.

Lösungsvorschläge:

Drachenfest, Kastanienbaum, Kartoffelfeuer, Vogelzug, Laternenlicht, Weintrauben, Getreidekorn, Maiskolben, Nachtfrost, Regenschauer

Mittelschwere Variante:

Material:	Flipchart, Tafel oder Zettel

DURCHFÜHRUNG:

Die Übungsleitung gibt die Lösungswörter vor und schreibt sie auf Flipchart, Tafel oder Zettel. Sie bittet die Teilnehmer, das Arbeitsblatt zu nehmen und dort die Silben zu finden, aus denen sich jedes Wort zusammensetzt. Gefundene Silben werden durchgestrichen.

BAUSTEIN 6: SILBEN ZU HERBSTWÖRTERN KOMBINIEREN

Leichte Variante:

Material: Karteikarten

DURCHFÜHRUNG:

Die Übungsleitung schreibt die Silben auf einzelne Karteikarten. Sie gibt jedem Teilnehmer die Karten mit den Silben für ein bestimmtes Wort. Die Teilnehmer versuchen herauszufinden, welches Wort es ist. Wenn ein Teilnehmer die Lösung nicht allein findet, nennt die Übungsleitung alle möglichen Zusammensetzungen aus diesen Silben (z. B. BEN-TRAU-WEIN, WEIN-BEN-TRAU, BEN-WEIN-TRAU ...). Die Teilnehmer finden dann leicht die richtige Lösung.

Bilden Sie aus den Silben Wörter, die zum Herbst passen.
Jede Silbe darf nur einmal verwendet werden.

KAS	KAR	ER	CHEN	TOF
FEL	VO	GEL	WEIN	LA
TRAU	TREI	DRA	DE	MAIS
TER	TA	NEN	FEU	NIEN
ER	NACHT	SCHAU	GEN	RE
BEN	GE	FROST	KOL	KORN
FEST	BEN	LICHT	BAUM	ZUG

Hier können Sie Ihre Wörter aufschreiben:

Herbstbild: Bilddetails merken

Trainingsbereiche: Merken
Konzentrieren

Material: keins

Zeit: ca. 3 Minuten

Vorbereitung: keine

DURCHFÜHRUNG:

Die Übungsleitung bittet die Teilnehmenden, das folgende Bild eine Minute lang zu betrachten und sich möglichst viele Einzelheiten einzuprägen. Anschließend verdeckt sie das Bild und stellt sie den Teilnehmenden die folgenden Fragen:

1. Welche Farbe hat das Laub auf dem Boden?
2. Welche Farbe hat die Mütze des Mannes?
3. Welche Position hat der Hund?
4. Welche Farbe haben die Schuhe des Mannes?
5. Welche Farbe haben die Schnürsenkel der Schuhe?
6. Welche Position nimmt der Mann ein?
7. Welche Farbe hat der Hund?

Lösung:

1. Braun und Gelb
2. Blau
3. „Sitz" (er sitzt)
4. Weiß
5. Blau
6. Er hockt
7. Braun und weiß

Leichte Variante:

DURCHFÜHRUNG:

Die Übungsleitung stellt die aufgeführten Fragen. Nach jeder Frage zeigt sie den Teilnehmern kurz das Bild. Die Teilnehmer beantworten dann die Frage.

Bewegungsgeschichte: Herbstspaziergang

Trainingsbereiche:	Bewegung
Material:	keins
Zeit:	ca. 5 Minuten
Vorbereitung:	keine

DURCHFÜHRUNG:

Gemeinsam wird ein fiktiver Herbstspaziergang unternommen. Dafür setzten sich alle Teilnehmer entweder in einen Kreis oder rücken ein Stück vom Tisch weg, damit sie mehr Bewegungsfreiheit haben. Die Übungsleitung liest die folgende Geschichte vor und macht dabei die vorgegebenen Bewegungen. Sie fordert die Teilnehmer auf mitzumachen. Alle Bewegungen werden im Sitzen durchgeführt.

Schwere Variante:

DURCHFÜHRUNG:

Die Übungsleitung liest die ersten beiden Sätze der Bewegungsgeschichte vor. Anschließend denken sich die Teilnehmenden selbst aus, wie die Geschichte weitergehen soll. Reihum erfindet jeder Teilnehmer 1–3 Sätze, und die Gruppe macht dazu die passenden Bewegungen.

Herbstspaziergang

Es ist ein sonniger Herbsttag. Wir genießen den sanften Herbstwind und brechen zu einem Spaziergang in den Wald auf.
[**Auf der Stelle marschieren.**]

Vom letzten Sturm liegen Steine und Äste auf dem Boden.
Wir müssen unsere Beine und Füße heben und darübersteigen.
[**Beim Marschieren auf der Stelle die Beine und Füße höher heben.**]

Nach einer Weile, kommen wir an einen kleinen Bach.
Das Wasser ist ganz klar, und wir schöpfen mit der Hand etwas Wasser aus dem Bach und trinken es.
[**Die Bewegung des Wasserschöpfens und Trinkens imitieren.**]

Es ist ein recht warmer Tag, und deshalb ziehen wir unsere Schuhe und Socken aus.
[**Fiktiv die Schuhe und die Socken ausziehen.**]

Wir tauchen unsere Zehen und unsere Füße vorsichtig ins Wasser.
[**Die Zehen und Füße vorsichtig fiktiv ins Wasser tauchen.**]

Die Erfrischung hat uns gutgetan. Zum Glück haben wir ein Handtuch dabei.
Wir trocknen die Füße gut ab.
[**Fiktiv die Füße abtrocknen.**]

Wir ziehen die Socken und die Schuhe wieder an.
[**Fiktiv Socken und Schuhe wieder anziehen.**]

Als wir uns aufrichten, entdecken wir ganz in der Nähe ein Reh. Um das Reh nicht zu erschrecken, versuchen wir, auf Zehenspitzen zu gehen.
[**Auf Zehenspitzen auf der Stelle gehen.**]

Leider hat es uns trotzdem bemerkt und verschwindet mit ein paar großen Sprüngen im Wald.
Wir schauen auf die Uhr.
[**Auf die fiktive Uhr schauen.**]

Fast hätten wir unsere Verabredung vergessen. Wir sind mit unserer besten Freundin verabredet. Um nicht zu spät zu kommen, rennen wir schnell nach Hause.
[**Auf dem Platz rennen.**]

Kastanien: Menge schätzen

Trainingsbereiche:	Urteilen Wissen Konzentrieren
Material:	Vorratsglas Kastanien
Zeit:	ca. 3 Minuten
Vorbereitung:	Die Übungsleitung füllt eine abgezählte Anzahl Kastanien in das Glas.

DURCHFÜHRUNG:

Die Übungsleitung bittet die Teilnehmer, die Menge der Kastanien in dem Vorratsglas zu schätzen. Wie viele Kastanien könnten es sein?

Alternative ohne Material

DURCHFÜHRUNG:

Die Übungsleitung fordert die Teilnehmer auf, sich das folgende Bild anzuschauen. Sie hält das Bild für einige Sekunden hoch, sodass jeder es gut sehen kann, und dreht es dann um. Nun bittet sie die Teilnehmer zu schätzen, wie viele Kastanien auf dem Bild zu sehen sind (Lösung: 19).

Kann man den essen?

Trainingsbereiche:	Urteilen Wissen Konzentrieren
Material:	keins
Zeit:	ca. 3 Minuten
Vorbereitung:	keine

DURCHFÜHRUNG:

Kann man diesen Pilz essen? – Die Übungsleitung nennt in durcheinandergewürfelter Reihenfolge die Namen der aufgeführten Pilze. Die Teilnehmenden heben die Hand, wenn sie denken, dass man den genannten Pilz essen kann. Die Übungsleitung löst nach jedem Pilz auf.

Giftig	**Essbar**
Fliegenpilz	Semmelstoppelpilz
Kartoffelbovist	Pfifferling
Knollenblätterpilz	Krause Glucke
Grünling	Schopftintling
Kahler Krempling	Parasol
Nebelkappe	Edelreizker
Riesenlorchel	Goldröhrling
Satansröhrling	Steinpilz

→ Unter den Teilnehmenden befinden sich vielleicht Pilzkenner, die ihr Wissen beitragen möchten.
→ Falls sie über einen Laptop verfügen, können Sie Bilder der Pilze zeigen.

Wein-Wissen

Trainingsbereiche:	Wissen Urteilen Konzentrieren
Material:	keins
Zeit:	ca. 3 Minuten
Vorbereitung:	keine

DURCHFÜHRUNG:

Die Übungsleitung nennt jeweils eins der aufgeführten Wörter rund um den Wein. Die Teilnehmenden versuchen zu erklären, worum es sich dabei handelt.

- Weißherbst
- Barrique
- Rioja
- Dekanter
- Grad Oechsle
- Auslese
- Bukett
- Tannin

Lösung:

Weißherbst:	Roséwein, der aus einer einzigen roten Traubensorte gekeltert und wie Weißwein hergestellt wird
Barrique-Wein:	Wein, der in einem Eichenfass gelagert wurde
Rioja:	ein Anbaugebiet für Wein in Spanien
Dekanter:	Gefäß zur Belüftung und Trennung des Weins vom Bodensatzes.
Grad Oechsle:	Maßeinheit für das Mostgewicht des Traubenmostes (Qualitätskriterium für Wein)
Auslese:	Wein, der nur aus vollreifen, ausgesuchten Beeren gewonnen wird
Bukett:	Duftstoffe, die man bei einem Wein wahrnimmt
Tannin:	Gerbsäure, die für einen pelzigen Geschmack im Mund verantwortlich ist

Leichte und mittelschwere Variante:

Material: Karteikarten

DURCHFÜHRUNG:

Die Übungsleitung schreibt die Wörter rund um den Wein und die Beschreibung, worum es sich dabei handelt, einzeln auf Karteikarten. Die Karten werden vermischt und offen auf den Tisch gelegt. Die Teilnehmer ordnen jedem Begriff die passende Erklärung zu.

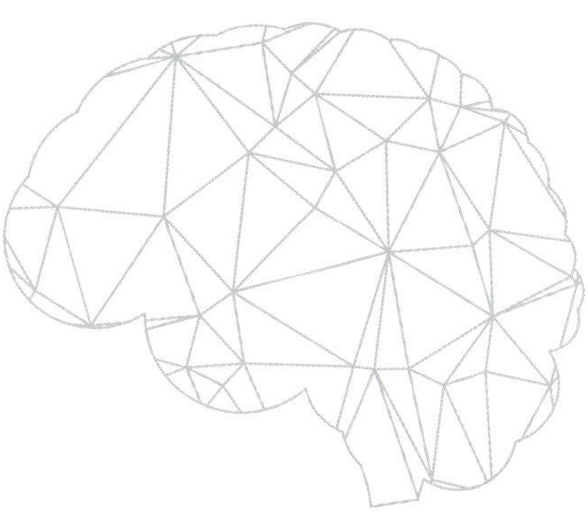

BAUSTEIN 12:
ABC-SAMMLUNG: HERBSTWÖRTER

Abc-Sammlung: Herbstwörter

Trainingsbereiche:	Worte finden Konzentrieren Assoziieren
Material:	Flipchart, Tafel oder Zettel
Zeit:	ca. 5 Minuten
Vorbereitung:	keine

DURCHFÜHRUNG:

Die Teilnehmenden sammeln gemeinsam Wörter rund um den Herbst mit den Anfangsbuchstaben des Alphabets.

Lösungsvorschläge

A → Apfel, Altweibersommer
B → Blätter, Bucheckern, Baum
C → Chrysanthemen
D → Drachen
E → Eicheln, Ernte, Erntedankfest
F → Fledermäuse, Feld, Fliegenpilz
G → Gerste, Getreide, Gemüse
H → Hagebutten, Herbstferien
I → Igel
J → Jacke, Juckpulver
K → Kartoffel, Kastanie, Kürbis
L → Laterne, Lagerfeuer
M → Martinsumzug, Mais
N > November, Nebel, Nüsse
O → Oktober, Oktoberfest
P → Pilze
Q → Quitten
R → Rebe, Rübe, Rotwein
S → September, Stroh, Sturm
T → Tannenzapfen
U → Unwetter
V → Vorratshaltung, Vogelscheuche
W → Wildschwein, Wein, Wald
X → –
Y → –
Z → Zugvögel

Märchen: „Der Hase und der Igel“

Trainingsbereich:	Entspannung
Material:	keins
Zeit:	ca. 8 Minuten
Vorbereitung:	keine

DURCHFÜHRUNG:

Die Übungsleitung liest das folgende Märchen vor. Die Teilnehmer lassen die Geschichte auf sich wirken. Auf Wunsch tauschen sie Erinnerungen dazu aus.

Der Hase und der Igel

Diese Geschichte ist eigentlich gelogen, Kinder, aber wahr ist sie doch, denn mein Großvater, von dem ich sie habe, pflegte immer, wenn er sie erzählte, zu sagen: „Wahr muss sie sein, mein Sohn, sonst könnte man sie ja nicht erzählen.“ Die Geschichte aber hat sich so zugetragen.

Es war an einem Sonntagmorgen im Herbst, gerade als der Buchweizen blühte; die Sonne war am Himmel aufgegangen, und der Wind strich warm über die Stoppeln, die Lerchen sangen hoch in der Luft, und die Bienen summten im Buchweizen. Die Leute gingen in ihrem Sonntagsstaat zur Kirche, und alle Geschöpfe waren vergnügt, auch der Igel.

Er stand vor seiner Tür, hatte die Arme verschränkt, er guckte in den Morgenwind hinaus und trällerte ein kleines Liedchen vor sich hin, so gut und so schlecht wie am Sonntagmorgen ein Igel eben zu singen pflegt. Während er nun so vor sich hinsang, fiel ihm plötzlich ein, er könnte doch, während seine Frau die Kinder wusch und ankleidete, ein bisschen im Feld spazieren gehen und nachsehen, wie die Steckrüben standen. Die Steckrüben waren ganz nah bei seinem Haus, und er pflegte sie mit seiner Familie zu essen, darum sah er sie auch als die seinigen an.

Gedacht, getan. Er schloss die Haustür hinter sich und schlug den Weg zum Feld ein. Er war noch nicht sehr weit und wollte gerade um den Schlehenbusch herum, der vor dem Feld stand, als er den Hasen erblickte, der in ähnlichen Geschäften ausgegangen war, nämlich um seinen Kohl zu besehen. Als der Igel den Hasen sah, wünschte er ihm freundlich einen guten Morgen. Der Hase aber, der auf seine Weise ein vornehmer Herr war und grausam hochfahrend noch dazu, antwortete gar nicht auf des Igels Gruß, sondern sagte mit höhnischer Miene:
„Wie kommt es, dass du hier schon so am frühen Morgen im Feld herumläufst?“

„Ich gehe spazieren“, sagte der Igel.
„Spazieren?“, lachte der Hase.
„Du könntest deine Beine schon zu besseren Dingen gebrauchen.“

Diese Antwort verdross den Igel sehr. Alles kann er vertragen, aber auf seine Beine lässt er nichts kommen, gerade weil sie von Natur aus krumm sind.

„Du bildest dir wohl ein, du könntest mit deinen Beinen mehr ausrichten?“, sagte er.
„Das will ich meinen“, sagte der Hase.
„Nun, das kommt auf einen Versuch an“, meinte der Igel. „Ich wette, wenn wir um die Wette laufen, lauf ich schneller als du.“
„Du – mit deinen krummen Beinen?“, sagte der Hase.
„Das ist ja zum Lachen. Aber wenn du so große Lust hast – was gilt die Wette?“
„Einen Golddukaten und eine Flasche Branntwein“, sagte der Igel.
„Angenommen“, sagte der Hase, „schlag ein, und dann kann es gleich losgehen.“
„Nein, so große Eile hat es nicht“, meinte der Igel, „ich hab‹noch gar nichts gegessen; erst will ich nach Hause gehen und ein bisschen frühstücken. In einer Stunde bin ich wieder hier.“
Damit ging er, und der Hase war zufrieden. Unterwegs aber dachte der Igel bei sich: „Der Hase verlässt sich auf seine langen Beine, aber ich will ihn schon kriegen. Er ist zwar ein vornehmer Herr, aber doch ein dummer Kerl, und das soll er bezahlen.“
Als er nun nach Hause kam, sagte er zu seiner Frau: „Frau, zieh dich rasch an, du musst mit mir ins Feld hinaus.“
„Was gibt es denn?“, fragte die Frau.
„Ich habe mit dem Hasen um einen Golddukaten und eine Flasche Branntwein gewettet, dass ich mit ihm um die Wette laufen will. Und da sollst du dabei sein.“
„O mein Gott, Mann“, begann die Frau loszuschreien, „hast du denn ganz den Verstand verloren? Wie willst du mit dem Hasen um die Wette laufen?“
„Halt das Maul, Weib“, sagte der Igel, „das ist meine Sache. Misch dich nicht in Männergeschäfte! Marsch, zieh dich an und komm mit!“
Was sollte also die Frau des Igels tun? Sie musste gehorchen, ob sie wollte oder nicht.
Als sie miteinander unterwegs waren, sprach der Igel zu seiner Frau: „Nun pass auf, was ich dir sage. Dort auf dem langen Acker will ich unseren Wettlauf machen. Der Hase läuft in einer Furche, und ich in der anderen, und dort oben fangen wir an. Du hast nun weiter nichts zu tun, als dass du dich hier unten in die Furche stellst, und wenn der Hase in seiner Furche daherkommt, so rufst du ihm entgegen: Ich bin schon da!“
So kamen sie zu dem Acker, der Igel wies seiner Frau ihren Platz an und ging den Acker hinauf. Als er oben ankam, war der Hase schon da. „Kann es losgehen?“, fragte er.
„Jawohl“, erwiderte der Igel.

„Dann nur zu.“ Damit stellte sich jeder in seine Furche. Der Hase zählte: „Eins, zwei, drei“, und los ging er wie ein Sturmwind den Acker hinunter. Der Igel aber lief nur etwa drei Schritte, dann duckte er sich in die Furche hinein und blieb ruhig sitzen. Und als der Hase im vollen Lauf am Ziel unten am Acker ankam, rief ihm die Frau des Igels entgegen: „Ich bin schon da!“
Der Hase war nicht wenig erstaunt, glaubte er doch nichts anderes, als dass er den Igel selbst vor sich hatte. Bekanntlich sieht die Frau Igel genauso aus wie ihr Mann. „Das geht nicht mit rechten Dingen zu“, rief er. „Noch einmal gelaufen, in die andere Richtung!“ Und fort ging es wieder wie der Sturmwind, dass ihm die Ohren am Kopf flogen. Die Frau des Igels aber blieb ruhig an ihrem Platz sitzen, und als der Hase oben ankam, rief ihm der Herr Igel entgegen: „Ich bin schon da!“

Der Hase war ganz außer sich vor Ärger und schrie:
„Noch einmal gelaufen, noch einmal herum!"
„Meinetwegen", gab der Igel zurück. „Sooft du Lust hast."
So lief der Hase dreiundsiebzigmal, und der Igel hielt immer mit. Und jedes Mal, wenn der Hase oben oder unten am Ziel ankam, sagten der Igel oder seine Frau: „Ich bin schon da."
Beim vierundsiebzigsten Male aber kam der Hase nicht mehr ans Ziel. Mitten auf dem Acker fiel er zu Boden, das Blut floss ihm aus der Nase, und er blieb tot liegen. Der Igel aber nahm seinen gewonnenen Golddukaten und die Flasche Branntwein, rief seine Frau von ihrem Platz am Ende der Furche, und vergnügt gingen beide nach Hause. Und wenn sie nicht gestorben sind, leben sie heute noch.

So geschah es, dass auf der Buxtehuder Heide der Igel den Hasen zu Tode gelaufen hatte, und seit jener Zeit hat kein Hase mehr gewagt, mit dem Buxtehuder Igel um die Wette zu laufen. Die Lehre aus dieser Geschichte aber ist erstens, dass sich keiner, und wenn er sich auch noch so vornehm dünkt, einfallen lassen soll, sich über einen kleinen Mann lustig zu machen, und wäre es auch nur ein Igel. Und zweitens, dass es gut ist, wenn einer heiratet, dass er sich eine Frau von seinem Stand nimmt, die geradeso aussieht wie er. Wer also ein Igel ist, der muss darauf sehen, dass auch seine Frau ein Igel ist.

8 *Erntefest*

Wenn sich im Herbst die Ähren auf den Feldern biegen und die Mähdrescher das gemähte Heu zu Ballen pressen, wissen alle: Jetzt ist Erntezeit. Der Tisch ist üppig gedeckt, und die Auswahl an Obst und Gemüse schier unendlich. Ein Fest für den Gaumen und die Sinne.

Überblick über die Bausteine für das Gedächtnistraining zu dem Thema „Erntefest"

Ernte und biografische Anknüpfungspunkte

Trainingsbereiche: Mit allen Sinnen
Assoziieren
In Worte fassen
Worte finden

Material: Früchte, Gemüse und Materialien rund um die Ernte, zum Beispiel: Kartoffel, Kürbis, Gurke, Paprika, Aubergine, Apfel, Birne, Pflaume, kleines Bündel Heu, Bild von einem Mähdrescher

Zeit: ca. 15–20 Minuten

Vorbereitung: Das Material wird von der Übungsleitung so platziert, dass alle Teilnehmer es gut sehen können.

DURCHFÜHRUNG:

Früchte, Gemüse und andere Materialien rund um die Ernte werden in die Mitte des Tischs gelegt. Aufkeimende Gespräche können durch gezielte Fragestellungen oder das Vorlesen der Anekdote weiter angeregt werden.

Beispiele für Fragen:

- Bauen Sie selbst Gemüse und Obst an bzw. haben Sie früher welches angebaut?
  Wenn ja:
  → Welches?
- Wo haben Sie es angebaut (Garten/Schrebergarten/Feld)?
- Haben Sie schon einmal Kartoffeln „gestoppelt"?
- Haben Sie früher Dinge selbst eingekocht oder eingelegt?
  Wenn ja:
  → Welche?
- Erinnern Sie sich noch an Rezepte?
- Wie kann man das mitgebrachte Obst/Gemüse verarbeiten?
- Waren Sie schon einmal bei einer Heuernte dabei?
  Wenn ja:
  → Welche Arbeitsschritte gab es?

Anekdote:

Diese Anekdote kann vorgelesen werden, um Erinnerungen zu wecken.

Wenn der Bauer früher die Zuckerrüben geerntet hatte, lagen sie zunächst auf einem großen Wagen neben dem Feld. Als Kinder haben wir uns dann angeschlichen und ein paar Zuckerrüben geklaut. Zu Hause habe ich sie in kleine Stücke geschnitten und so getan, als ob es Bonbons wären.

Alternative ohne Material

DURCHFÜHRUNG:

Die Teilnehmenden betrachten das folgende Bild anstelle des Materials.

Eigenschaften: Obst und Gemüse

Trainingsbereiche:	Assoziieren Worte finden Wissen
Material:	keins
Zeit:	ca. 4 Minuten
Vorbereitung:	keine

DURCHFÜHRUNG:

Die Übungsleitung bittet die Teilnehmer, jeweils eine Frucht zu nennen, die die folgenden Eigenschaften haben kann.

Lösungsvorschläge:

süß → Kirsche
sauer → Zitrone
bitter → Pampelmuse
groß → Wassermelone
klein → Heidelbeere
rot → Himbeere
blau → Blaubeere
grün → Stachelbeere
gelb → Honigmelone
lecker → Kiwi

Fantasievolles aus Obst

Trainingsbereiche:	Mit Fantasie Assoziieren
Material:	Obst Messer, Brettchen und Teller für jeden Teilnehmer
Zeit:	ca. 15–20 Minuten
Vorbereitung:	Obst, Brettchen, Messer und Teller für jeden Teilnehmer bereitstellen.

DURCHFÜHRUNG:

Die Übungsleitung zeigt den Teilnehmern das Bild der „Obsteule" und fordert sie auf, selbst fantasievolle Tiere aus Obst zu machen.

Leichte und mittelschwere Variante:

Material: Obst, Messer, Brettchen, Schaschlickspieße

DURCHFÜHRUNG:

Die Teilnehmer schneiden das Obst klein und gestalten nach den eigenen Vorlieben kreative Obstspieße.

Gemeinsames Singen: „Wir pflügen und wir streuen“

Trainingsbereiche:	Musik Entspannung
Material:	auf Wunsch Liedzettel
Zeit:	ca. 4 Minuten
Vorbereitung:	keine

DURCHFÜHRUNG:

Das Erntedank-Lied „Wir pflügen und wir streuen" wird gemeinsam gesungen.

Wir pflügen, und wir streuen
den Samen auf das Land,
doch Wachstum und Gedeihen
steht in des Himmels Hand:
Der tut mit leisem Wehen
sich mild und heimlich auf
und träuft, wenn heim wir gehen,
Wuchs und Gedeihen drauf.

Refrain:
Alle gute Gabe kommt her
von Gott dem Herrn,
drum dankt ihm, dankt,
drum dankt ihm, dankt
und hofft auf ihn!

Er sendet Tau und Regen
und Sonn- und Mondenschein,
er wickelt seinen Segen
gar zart und künstlich ein
und bringt ihn dann behände
in unser Feld und Brot:
Es geht durch uns're Hände,
kommt aber her von Gott.

Was nah ist und was ferne,
von Gott kommt alles her,
der Strohhalm und die Sterne,
der Sperling und das Meer.
Von ihm sind Büsch' und Blätter
und Korn und Obst von ihm,
das schöne Frühlingswetter
und Schnee und Ungestüm.

Er lässt die Sonn aufgehen,
er stellt des Mondes Lauf;
er lässt die Winde wehen
und tut den Himmel auf.
Er schenkt uns so viel Freude,
er macht uns frisch und rot;
er gibt den Kühen Weide
und unsern Kindern Brot.

„Wer bin ich?" – Obst und Gemüse

Trainingsbereiche: In Worte fassen
Worte finden
Wissen

Material: Zettel
Stifte
Klebestreifen

Zeit: ca. 20 Minuten

Vorbereitung: Die Übungsleitung beschriftet Zettel mit den Namen verschiedener Gemüse- und Obstsorten (pro Teilnehmer ein Zettel).

DURCHFÜHRUNG:

Die Übungsleitung heftet jedem Teilnehmer einen beschrifteten Zettel so an die Kleidung, dass er selbst nicht sehen kann, was auf dem Zettel steht.
Nun soll jeder erraten, welche Obst- oder Gemüsesorte auf seinem Zettel steht. Dazu stellt er den anderen Fragen, die mit Ja oder Nein beantwortet werden können, zum Beispiel: Bin ich lang? Bin ich kurz? Bin ich rot? Bin ich grün? …
Sobald ein Teilnehmer das Rätsel gelöst hat, ist der Nächste an der Reihe.

Leichte Variante

DURCHFÜHRUNG:

Die Zettel werden gemischt und verdeckt ausgelegt. Die Übungsleitung bittet einen Teilnehmer, einen Zettel zu ziehen und verdeckt zu lassen. Anschließend dreht sich die Übungsleitung kurz um, und der Teilnehmer zeigt den anderen, was auf dem Zettel steht. Dann legt er das Blatt wieder verdeckt ab.
Nun versucht die Übungsleitung, durch Fragen herauszufinden, welcher Obst- oder Gemüsename auf dem Zettel steht. Die Teilnehmenden antworten nur mit Ja oder Nein.
Dies kann wiederholt werden, bis alle Zettel gezogen wurden.

Wortgitter: Ernte

Trainingsbereiche: Konzentrieren

Material: Kopien des Arbeitsblattes (S: Seite 182, L/M: Seite 183)
1 Stift/Marker pro Teilnehmer

Zeit: ca. 4–8 Minuten

Vorbereitung: geeignetes Arbeitsblatt auswählen und in ausreichender Anzahl kopieren

DURCHFÜHRUNG:

Die Übungsleitung wählt für ihre Teilnehmer eines der beiden Arbeitsblätter auf Seite 182/183 aus. Sie verteilt Kopien des Arbeitsblatts und bittet die Teilnehmer, die Aufgabe zu lösen. Die Buchstabenreihen müssen dazu waagerecht und senkrecht gelesen werden.Die Lösung wird anschließend im Plenum besprochen.

→ Entscheiden Sie, ob die Teilnehmer Unterstützung bei der Lösung der Aufgabe benötigen.

BAUSTEIN 6: WORTGITTER: ERNTE

Finden Sie die folgenden Wörter in dem Wortgitter:
Wein, Korb, Heu, Mais, Brot, Traktor, Bauer, Weizen

M	W	R	E	T	U	Z	I	P	O
A	M	A	I	S	A	D	S	G	F
U	J	L	W	E	I	Z	E	N	K
H	Y	X	C	V	B	M	N	Z	H
J	K	F	D	T	W	E	I	N	R
K	W	E	Z	N	M	T	R	A	K
T	K	J	K	O	U	I	R	S	M
H	O	T	R	A	K	T	O	R	I
J	R	R	T	J	M	N	B	R	S
K	B	B	E	E	U	D	L	H	B
L	H	A	E	U	L	H	H	A	R
R	E	U	O	V	B	E	U	W	O
Z	R	E	T	J	O	A	W	S	T
U	T	R	I	H	Q	U	G	H	K
I	F	T	R	E	M	E	H	W	T
O	C	W	E	U	W	R	E	I	O
W	V	K	O	R	G	K	O	R	R

Finden Sie die folgenden Wörter in dem Wortgitter:
Wein, Korb, Heu, Mais

Q	E	K	O	R	B
W	W	R	T	Z	U
I	E	O	P	A	H
A	I	S	D	F	E
G	N	H	J	K	U
M	A	I	S	L	Y

Tippen Sie mit: Fragen rund um die Ernte

Trainingsbereiche:	Urteilen Wissen Konzentrieren
Material:	keins
Zeit:	ca. 3 Minuten
Vorbereitung:	keine

DURCHFÜHRUNG:

Die Übungsleitung bittet die Teilnehmer, die Antwort auf die folgenden Fragen zu schätzen oder zu erraten. Wenn alle Teilnehmer ihren Tipp abgegeben haben, löst sie auf[1].

1. Wie viele Tonnen Äpfel werden in Deutschland ungefähr geerntet?
   → **rund 950 000 Tonnen**
2. Welches Bundesland hat die größte Anbaufläche für Äpfel?
   → **Baden-Württemberg: über 10 000 ha**
3. Was ist die wichtigste Rebsorte in Deutschland?
   → **Riesling**
4. Wie viel Prozent der Weinanbau-Fläche in Deutschland ist mit weißen Rebsorten bedeckt?
   → **65 Prozent**
5. Von welchem Gemüse wird in Deutschland am meisten geerntet?
   → **Möhren**
6. Welche Kohlsorte ist am weitesten verbreitet?
   → **Weißkohl**
7. Von welcher Getreidesorte wird in Deutschland am meisten geerntet?
   → **Mais**

[1] *Quelle: http://www.bmel-statistik.de/*

Erntevers auswendig lernen

Trainingsbereiche:	Merken Konzentrieren
Material:	Flipchart, Tafel oder Zettel
Zeit:	ca. 6 Minuten
Vorbereitung:	Erntevers auf Flipchart, Tafel oder Zettel schreiben

DURCHFÜHRUNG:

Die Übungsleitung liest Erntevers einmal laut vor. Sie bittet die Teilnehmer, sich nun zwei bis drei Minuten Zeit zu nehmen und den Vers auswendig zu lernen. Dann verdeckt sie den Erntevers und sagt ihn gemeinsam mit den Teilnehmenden auswendig auf.

Erntevers

Der Bauer fährt die Ernte ein,
viele Früchte groß und klein,
Getreide für Gebäck und Brot,
Birnen grün und Äpfel rot.
Gefeiert wird mit großem Dank
ein Fest mit Tanz und Speis und Trank.

Leichte und mittelschwere **Variante:**

DURCHFÜHRUNG:

Die Übungsleitung liest den Erntevers Zeile für Zeile vor und lässt die Teilnehmenden jede Zeile einzeln wiederholen. Anschließend liest die Übungsleitung jeweils zwei Zeilen vor und lässt die Teilnehmenden die beiden Zeilen wiederholen. Dann werden vier Zeilen vorgelesen, und die Teilnehmenden wiederholen vier Zeilen. Zum Schluss liest die Übungsleitung alle sechs Zeilen vor und lässt die Teilnehmenden den ganzen Vers wiederholen.

Zum Schluss wird der Erntevers verdeckt, und die Teilnehmenden sagen ihn gemeinsam auswendig auf.

Bewegungsabläufe erinnern: Möhrensuppe

Trainingsbereiche:	Bewegung Wissen
Material:	keins
Zeit:	ca. 5 Minuten
Vorbereitung:	keine

DURCHFÜHRUNG:

Von der Möhre zur Möhrensuppe: Die Teilnehmer nennen die Schritte, die nötig sind, um eine Möhrensuppe zu kochen. Reihum nennt jeder eine Tätigkeit, die dazu ausgeführt werden muss, und alle ahmen diese Tätigkeit nach.

Lösungsbeispiel:

- Die Möhren säen.
- Die Möhren gießen.
- Möhren aus der Erde ziehen und in einen Korb legen (rechts und links).
- Die Möhren schälen.
- Klein schneiden.
- Die anderen Zutaten (zum Beispiel Kartoffeln, Zwiebeln, evtl. Fleisch, Suppengrün) schneiden oder hacken.
- Die Zutaten in einen Topf geben.
- Wasser in den Topf geben.
- Die Zutaten zerstampfen oder pürieren.
- Sahne zur Suppe geben.
- Die Suppe auf Teller schöpfen.
- Die Suppe essen.

Neue Wörter bauen

Trainingsbereiche: Worte finden
Konzentrieren

Material: Flipchart,
Tafel oder Zettel

Zeit: ca. 3 Minuten

Vorbereitung: Die Übungsleitung schreibt die Wörter in der linken Spalte der folgenden Liste auf Flipchart, Tafel oder Zettel.

DURCHFÜHRUNG:

Hier müssen jeweils ein oder zwei Buchstaben ergänzt werden, damit ein neues Wort entsteht – passend zum Thema Erntefest. Die Teilnehmer finden gemeinsam heraus, welches Wort gemeint ist.

Ente → Ernte
Gas → Gans
ein → Wein
eben → Reben
Raub → raube
erste → Gerste

Mai → Mais
Rogen → Roggen
rot → Brot
roh → Stroh
Wein → Weizen

Leichte Variante:

Material: Karteikarten

DURCHFÜHRUNG:

Die Übungsleitung schreibt sowohl die Ausgangswörter als auch die ergänzten Wörter auf Karteikarten (ein Wort pro Karte). Die Karten werden gemischt und offen auf dem Tisch verteilt. Die Teilnehmer ordnen die Karten, die zusammengehören, einander zu.

BAUSTEIN 11: GETREIDESORTEN ZUORDNEN

Getreidesorten zuordnen

Trainingsbereiche:	Struktur und Zusammenhang Wissen Konzentrieren
Material:	Bild-/Wort-Karten (Seite 189)
Zeit:	ca. 10 Minuten
Vorbereitung:	Die Bildkarten und die Wortkarten werden kopiert und ausgeschnitten. Idealerweise kann man die Karten auch noch laminieren – so lassen Sie sich mehrfach verwenden.

DURCHFÜHRUNG:

Die Übungsleitung mischt die Karten und verteilt sie auf einem Tisch.
Die Teilnehmer ordnen die Bilder den entsprechenden Textkarten zu.

	**Hafer**
	**Weizen**
	**Roggen**
	**Gerste**
	**Hirse**
	**Mais**

Arbeitsblatt: Buchstaben ergänzen – B oder P?

Trainingsbereiche: Wissen
Urteilen
Konzentrieren

Material: Kopien des Arbeitsblattes (Seite 191)
1 Stift für jeden Teilnehmer

Zeit: ca. 4 Minuten

Vorbereitung: Arbeitsblatt in ausreichender Anzahl kopieren

DURCHFÜHRUNG

Die Übungsleitung verteilt die Arbeitsblätter und bittet die Teilnehmer, die Aufgabe zu lösen.

Schwere Variante:

Material: Flipchart, Tafel oder Zettel

DURCHFÜHRUNG:

Die Übungsleitung schreibt die Wörter inklusive des fehlenden richtigen Buchstabens auf Flipchart, Tafel oder Zettel. Die Teilnehmer versuchen nun reihum, die Wörter mit dem jeweils falschen Buchstaben vorzulesen: Dabei werden also b und p vertauscht. (Beispiel: Kürpis, Rote Pete, Bastinaken …)

B oder P? Ergänzen Sie die Wörter …

KÜR__IS

ROTE __ETE

__ASTINAKEN

__ELLKARTOFFELN

__LUMENKOHL

__ROCCOLI

KOHLRA__I

S__ITZKOHL

__A__RIKA

MOHRRÜ__E

ZWIE__EL

KNO__LAUCH

__ORREE

__OHNE

ER__SE

Mandala malen

Trainingsbereiche:	Entspannung Mit Fantasie
Material:	Kopien des Mandalas und Buntstifte für alle Teilnehmer
Zeit:	ca. 15 Minuten
Vorbereitung:	Mandala in ausreichender Anzahl kopieren.

DURCHFÜHRUNG

Die Teilnehmer malen das Mandala mit den Buntstiften aus.

9 Kaminabend

Die Abende im Winter sind eine Zeit zum Aufwärmen, eine Zeit zum Entspannen und eine Zeit, in der man zur Ruhe kommen kann. Manch einer genießt den Abend in eine dicke Decke gewickelt mit einem guten Buch in der Hand, ein anderer kuschelt sich in die Sofakissen und lässt einen guten alten Film über den Bildschirm des Fernsehers flimmern. Winterabende sind auch traditionell eine gute Gelegenheit, um aufmerksamen Kinderohren spannende Märchen und Geschichten zu erzählen.

Überblick über die Bausteine für das Gedächtnistraining zu dem Thema „Kaminabend"

Märchen und biografische Anknüpfungspunkte

Trainingsbereiche:	Mit allen Sinnen Assoziieren In Worte fassen Worte finden
Material:	Material rund um Märchen, zum Beispiel: Kissen (Frau Holle), rote Rose (Dornröschen), Froschfigur/ goldene Kugel (Froschkönig), Kreide (der Wolf und die sieben Geißlein), Schuh (Aschenputtel), dickes Märchenbuch
Zeit:	ca. 15–20 Minuten
Vorbereitung:	Das Material wird von der Übungsleitung so platziert, dass alle Teilnehmer es gut sehen können.

DURCHFÜHRUNG:

Materialien rund um Märchen werden in die Mitte des Tischs gelegt.
Entstehende Gespräche können durch gezielte Fragestellungen oder das Vorlesen der Anekdote (s. u.) weiter angeregt werden.

Beispiele für Fragen:

- Hat man Ihnen als Kind Märchen vorgelesen bzw. erzählt?
  Wenn ja:
  → Wer hat Ihnen vorgelesen bzw. Märchen erzählt?
- Gab es eine bestimmte Tageszeit, zu der Märchen vorgelesen oder erzählt wurden?
- Erinnern Sie sich noch an ein Märchenbuch, aus dem Ihnen vorgelesen wurde?
  Wenn ja:
  → Wie sah es aus?
  → Wo wurde es aufbewahrt?
  → Waren Bilder in dem Märchenbuch?
- Haben Sie Ihren Kindern bzw. Enkelkindern Märchen erzählt?
- Haben Sie ein Lieblingsmärchen bzw. eine Lieblingsmärchenfigur?
- Haben Sie schon mal selbst ein „Knusperhäuschen" gebacken?

Anekdote

Sie können diese Anekdote vorlesen, um bei den Teilnehmern Erinnerungen zu wecken.

Das Märchenbuch wurde bei uns in der Küche in der aufklappbaren Eckbank aufbewahrt. Wir saßen oft abends zusammen, und mein Vater hat uns Kindern aus dem Buch vorgelesen. Zu jeder Geschichte gab es ein kunstvoll gestaltetes Bild. Am besten hat mir das Bild zu dem Märchen „Die Prinzessin auf der Erbse gefallen". Die Prinzessin hatte wunderschöne Locken und ein wunderschönes Kleid mit einem breiten Reifrock. Als Mädchen habe ich mir immer gewünscht, solche Haare zu haben und ein solches Kleid tragen zu dürfen.

Alternative ohne Material

DURCHFÜHRUNG:

Die Teilnehmenden betrachten das folgende Bild anstelle des Materials.

Paare aus Märchen, Geschichten und Literatur

Trainingsbereiche:	Assoziieren Worte finden Wissen
Material:	keins
Zeit:	ca. 3 Minuten
Vorbereitung:	keine

DURCHFÜHRUNG:

Die Übungsleitung liest immer nur den ersten Namen der folgenden berühmten Paare vor. Die Teilnehmenden versuchen, den zweiten Namen selbst zu ergänzen. Dies kann reihum oder in der Gruppe geschehen.

- Romeo und ... **Julia**
- Winnetou und ... **Old Shatterhand**
- Max und ... **Moritz**
- Schneewittchen und ... **die sieben Zwerge**
- Ali Baba und ... **die 40 Räuber**
- Der Wolf und ... **die 7 Geißlein**
- Hänsel und ... **Gretel**
- Schneeweißchen und ... **Rosenrot**
- Goldmarie und ... **Pechmarie**
- Der Fischer und ... **seine Frau**
- Sherlock Holmes und ... **Dr. Watson**
- Gretchen und ... **Faust**
- Othello und ... **Desdemona**
- Robin Hood und ... **Marianne**
- Tom Sawyer und ... **Huckleberry Finn**

Neue Titel

Trainingsbereiche:	Mit Fantasie Worte finden Assoziieren In Worte fassen
Material:	keins
Zeit:	ca. 9 Minuten
Vorbereitung:	keine

DURCHFÜHRUNG:

Die Übungsleitung stellt der Teilnehmenden folgende Aufgabe:
Nach einem Gerichtsurteil dürfen die folgenden Bücher nicht mehr unter ihrem Originaltitel verkauft werden. Die Verlage suchen jetzt händeringend nach Ideen für neue, passende Buchtitel. Können Sie helfen? Wie könnten diese Bücher auch heißen?

1. Moby Dick
2. Erzählungen aus Tausendundeiner Nacht
3. Heidis Lehr- und Wanderjahre
4. Don Quijote
5. Der kleine Prinz

Lösungsvorschläge:

1. Großer weißer Wal
2. Märchen aus dem Orient
3. Das Mädchen und der Alp-Öhi
4. Der Möchtegern-Ritter
5. Philosophische Reise zur Erde

Leichte Variante:

DURCHFÜHRUNG:

Die Übungsleitung fragt die Teilnehmer nach Inhalten der genannten Bücher. Aus diesen Inhalten leitet sie einen Titelvorschlag ab, den die Teilnehmenden annehmen oder ablehnen können.

„Max und Moritz“ vervollständigen

Trainingsbereiche: In Worte fassen
Worte finden
Wissen

Material: keins

Zeit: ca. 5 Minuten

Vorbereitung: keine

DURCHFÜHRUNG:

Die Übungsleitung liest den zweiten Streich von Wilhelm Buschs „Max und Moritz" vor. Sie lässt das Ende jeder zweite Reimzeile weg. Die Teilnehmer ergänzen den Text aus dem Gedächtnis.

Zweiter Streich

Als die gute Witwe Bolte
sich von ihrem ... **Schmerz erholte**,
dachte sie so hin und her,
dass es wohl das ... **Beste wär'**,
die Verstorb'nen, die hienieden
schon so frühe ... **abgeschieden**,
ganz im Stillen und in Ehren
gut gebraten ... **zu verzehren**.
Freilich war die Trauer groß,
als sie nun so nackt ... **und bloß**
abgerupft am Herde lagen,
sie, die einst in ... **schönen Tagen**
bald im Hofe, bald im Garten
lebensfroh im ... **Sande scharrten**.
Ach, Frau Bolte weint aufs Neu,
und der Spitz steht ... **auch dabei.**

Max und Moritz rochen dieses.
„Schnell aufs Dach gekrochen!",... **hieß e**s.
Durch den Schornstein mit Vergnügen
sehen sie die ... **Hühner liegen**,
die schon ohne Kopf und Gurgeln
lieblich in der ... **Pfanne schmurgeln**.

Eben geht mit einem Teller
Witwe Bolte ... **in den Keller**,

dass sie von dem Sauerkohle
eine Portion ... **sich hole**,
wofür sie besonders schwärmt,
wenn er wieder ... **aufgewärmt**.
Unterdessen auf dem Dache
ist man tätig ... **bei der Sache**.
Max hat schon mit Vorbedacht
eine Angel ... **mitgebracht**.

Schnupdiwup! Da wird nach oben
schon ein Huhn ... **heraufgehoben**.
Schnupdiwup! Jetzt Numro zwei.
Schnupdiwup! ... **Jetzt Numro drei.**
Und jetzt kommt noch Numro vier:
Schnupdiwup! Dich ... **haben wir!** –
Zwar der Spitz sah es genau,
und er bellt: ... **Rawau! Rawau!**
Aber schon sind sie ganz munter
fort und von dem ... **Dach herunter**.

Na! Das wird Spektakel geben,
denn Frau Bolte ... **kommt soeben**;
angewurzelt stand sie da,
als sie nach ... **der Pfanne sah**.
Alle Hühner waren fort.
„Spitz!!" – Das ... war ... **ihr erstes Wort.**
„O du Spitz, du Ungetüm!
Aber wart! ... **Ich komme ihm!"**
Mit dem Löffel groß und schwer
geht es über ... **Spitzen her;**
laut ertönt sein Wehgeschrei,
denn er fühlt sich ... **schuldenfrei.**
Max und Moritz im Verstecke
schnarchen aber ... **an der Hecke,**
und vom ganzen Hühnerschmaus
guckt nur noch ... **ein Bein heraus.**

(Wilhelm Busch)

Tippfehler finden

Trainingsbereiche:	Konzentrieren
Material:	Arbeitsblätter und Stifte
Zeit:	ca. 8 Minuten
Vorbereitung:	Arbeitsblatt in ausreichender Anzahl kopieren

DURCHFÜHRUNG:

Die Übungsleitung verteilt die Arbeitsblätter. Die Teilnehmer versuchen, die Aufgabe einzeln oder in Partnerarbeit auszuführen. Anschließend werden die Lösungen gemeinsam besprochen.

Lösung:

1. Zeile: Tuch statt Buch, Viel statt Spiel
2. Zeile: See statt Tee
3. Zeile: Flips statt Chips, Küsse statt Nüsse
4. Zeile: Wärmtasche statt Wärmflasche
5. Zeile: Locken statt Socken
6. Zeile: Wurm statt Sturm
7. Zeile: Mode statt Müde, Trost statt Trist

Schwere Variante:

DURCHFÜHRUNG:

Die Teilnehmer bekommen keine Arbeitsblätter. Die Übungsleitung liest die Begriffe in der ersten Spalte an einem Stück vor. Anschließend liest sie die Begriffe in der zweiten Spalte Zeile für Zeile vor. Nach jeder Zeile fragt sie die Teilnehmenden, welche Fehler sich eingeschlichen haben. Die Teilnehmenden versuchen, die Fehler zu benennen.

Vergleichen Sie die linke und die rechte Spalte.
Es haben sich in jeder Zeile ein oder zwei Tippfehler eingeschlichen.
Finden Sie die Tippfehler?

Buch, Fernseher, Spiel	**Tuch, Fernseher, Viel**
Kakao, Milch, Tee	**Kakao, Milch, See**
Schokolade, Chips, Nüsse	**Schokolade, Flips, Küsse**
Wärmflasche, Heizdecke	**Wärmtasche, Heizdecke**
Wolldecke, Pullover, Socken	**Wolldecke, Pullover, Locken**
Regen, Sturm, Wind	**Regen, Wurm, Wind**
Müde, Ablenkung, Trist	**Mode, Ablenkung, Trost**

Gemeinsames Singen: „Loreley"

Trainingsbereiche:	Musik Entspannung
Material:	auf Wunsch Liedzettel
Zeit:	ca. 4 Minuten
Vorbereitung:	keine

DURCHFÜHRUNG:

Das Lied „Loreley" wird gemeinsam gesungen.

Ich weiß nicht was, soll es bedeuten,
dass ich so traurig bin;
Ein Märchen aus alten Zeiten,
das kommt mir nicht aus dem Sinn.
Die Luft ist kühl und es dunkelt,
und ruhig fließt der Rhein;
der Gipfel des Berges funkelt
im Abendsonnenschein.

Die schönste Jungfrau sitzet
Dort oben wunderbar,
ihr goldenes Geschmeide blitzet,
sie kämmt ihr goldenes Haar.
Sie kämmt es mit goldenem Kamme
und singt ein Lied dabei;
das hat eine wundersame,
gewaltige Melodei.

Den Schiffer im kleinen Schiffe,
Ergreift es mit wildem Weh;
er schaut nicht die Felsenriffe,
er schaut nur hinauf in die Höh'.
Ich glaube, die Wellen verschlingen
am Ende Schiffer und Kahn.Und das hat mit
ihrem Singen
die Lore-Ley getan.

(Heinrich Heine)

Wer hat's geschrieben?

Trainingsbereiche:	Urteilen Wissen Konzentrieren
Material:	keins
Zeit:	ca. 6 Minuten
Vorbereitung:	keine

DURCHFÜHRUNG:

Die Übungsleitung liest die Gedichte in beliebiger Reihenfolge vor. Nach jedem Gedicht sollen die Teilnehmenden erraten, welcher Dichter es geschrieben hat:

Geübte Teilnehmer dürfen schon nach den ersten Zeilen ihren Tipp abgeben.

Das Dunkeln war wie Reichtum in dem Raume,
darin der Knabe, sehr verheimlicht, saß.
Und als die Mutter eintrat wie im Traume,
erzitterte im stillen Schrank ein Glas.
Sie fühlte, wie das Zimmer sie verriet,
und küsste ihren Knaben: Bist du hier? ...
Dann schauten beide bang nach dem Klavier,
denn manchen Abend hatte sie ein Lied,
darin das Kind sich seltsam tief verfing.

Es saß sehr still. Sein großes Schauen hing
an ihrer Hand, die ganz gebeugt vom Ringe,
als ob sie schwer in Schneewehn ginge,
über die weißen Tasten ging.

→ **Lösung:** Rilke.
(Aus: Das Buch der Bilder.)

Wieder duftet der Wald.
Es heben die schwebenden Lerchen
mit sich den Himmel empor, der unseren Schultern
schwer war;
zwar sah man noch durch die Äste den Tag, wie er
leer war,
aber nach langen, regnenden Nachmittagen
kommen die goldübersonnten
neueren Stunden,
vor denen flüchtend an fernen Häuserfronten
alle die wunden
Fenster furchtsam mit Flügeln schlagen.

Dann wird es still. Sogar der Regen geht leiser
über der Steine ruhig dunkelnden Glanz.
Alle Geräusche ducken sich ganz
in die glänzenden Knospen der Reiser.

→ **Lösung:** Rilke.
(Aus: Das Buch der Bilder.)

Liebe – sagt man schön und richtig –
ist ein Ding, was äußerst wichtig.
Nicht nur zieht man in Betracht,
was man selber damit macht,
nein, man ist in solchen Sachen
auch gespannt, was andere machen.

→ **Lösung:** Busch
(Aus: Bildergeschichten.)

Es ist halt schön,
wenn wir die Freunde kommen sehn. –
Schön ist es ferner, wenn sie bleiben
und sich mit uns die Zeit vertreiben. –
Doch wenn sie schließlich wieder gehn,
ist‹s auch recht schön. –

→ **Lösung:** Busch
(Aphorismen.)

Bewegungsgeschichte: Ein kalter Winterabend

Trainingsbereiche:	Bewegung Konzentrieren
Material:	keins
Zeit:	ca. 4 Minuten
Vorbereitung:	keine

DURCHFÜHRUNG:

Die folgende Geschichte wird vorgelesen. Es kommen darin verschiedene Körperteile vor. Wenn sie genannt werden, zeigen die Teilnehmer auf das entsprechende Körperteil. Hand und Arm bzw. Fuß und Bein werden, wenn möglich, angehoben.

Ein kalter Winterabend

Es ist ein kalter Winterabend, als Heinrich von der Arbeit nach Hause kommt, mit der **rechten Hand** den Schlüssel umdreht und mit der **linken Hand** die Tür aufdrückt. Er zieht die Jacke aus und muss den **rechten Arm** ganz ausstrecken, um sie oben an den Garderobenständer hängen zu können. Ohne Jacke ist ihm kalt, und eine Gänsehaut überzieht die Haut an seinem **rechten Bein**, seinem **linken Bein**, seinem **rechten Arm** und seinem **linken Arm**. Er beschließt, sich zum Aufwärmen einen warmen Kakao zu machen, und marschiert, **rechtes Bein, linkes Bein, rechtes Bein, linkes Bein**, in die Küche hinein. Er holt mit der rechten Hand das Kakaopulver aus dem oberen Schrank und mit der **linken Hand** die Milch aus dem Kühlschrank. Auf dem Herd erwärmt er rasch die Milch. Dann holt er mit der **rechten Hand** die Tasse aus dem Schrank und mit der **linken Hand** den Löffel aus der Schublade. Nun kippt Heinrich die erwärmte Milch und das Kakaopulver zusammen und rührt mit dem Löffel in der **linken Hand** um. Der süßliche Geruch des Kakaos steigt ihm in die **Nase** und lässt ihm das Wasser im **Mund** zusammenlaufen. Er nimmt die Tasse und geht, **rechtes Bein, linkes Bein, rechtes Bein, linkes Bein**, ins Wohnzimmer. Dort setzt er sich mit seinem **Po** auf die Couch. Endlich kann er den Kakao genießen. Der Kakao hinterlässt einen schokoladigen Geschmack auf der **Zunge** und wärmt ihm erst den **Hals**, dann die **Brust** und am Ende den **Bauch**.

Memospiel: Warme Getränke

Trainingsbereiche: Merken
Konzentrieren

Material: Bildkarten (Seite 209)

Zeit: ca. 12 Minuten

Vorbereitung: Die Vorlagen für die Memo-Karten kopieren, ausschneiden und evtl. laminieren. Bei größeren Gruppen müssen mehrere Kartensets erstellt werden.

DURCHFÜHRUNG:

Bei größerer Teilnehmerzahl werden Kleingruppen gebildet. Die Karten werden gemischt und verdeckt auf dem Tisch verteilt. Ein Teilnehmer deckt zwei Karten auf. Wenn es ein Pärchen ist, darf er die Karten behalten. Sonst werden die Karten wieder umgedreht. Dann ist der nächste Teilnehmer dran.

Leichte Variante:

DURCHFÜHRUNG:

Der erste Spieler deckt zwei Karten auf.

- o Wenn es ein Pärchen ist, darf er die Karten behalten. Eine weitere Karte deckt er auf.
- o Wenn es kein Pärchen ist, dreht er nur eine Karte wieder um.

Anschließend ist der nächste Spieler an der Reihe und deckt eine weitere Karte auf.

MEMOSPIEL: WARME GETRÄNKE

Romy Schneider oder Maria Schell?

Trainingsbereiche:	Struktur und Zusammenhang Wissen Konzentrieren
Material:	keins
Zeit:	ca. 3 Minuten
Vorbereitung:	keine

DURCHFÜHRUNG:

Die Übungsleitung liest die folgenden Filmtitel in durcheinandergewürfelter Reihenfolge vor. Die Teilnehmer sollen jeweils erraten, ob Romy Schneider oder Maria Schell in dem Film mitgespielt hat. Es darf diskutiert werden!

Romy Schneider

1953: Wenn der weiße Flieder wieder blüht
1954: Mädchenjahre einer Königin
1955: Die Deutschmeister
1955: Der letzte Mann
1955: Sissi
1956: Kitty und die große Welt

Maria Schell

1952: Bis wir uns wiederseh'n
1953: Der träumende Mund
1953: Solange du da bist
1953: Tagebuch einer Verliebten
1955: Herr über Leben und Tod
1954: Die letzte Brücke

Namen von Schauspielern ergänzen

Trainingsbereiche:	Wissen Konzentrieren
Material:	keins
Zeit:	ca. 3 Minuten
Vorbereitung:	keine

DURCHFÜHRUNG:

Die Übungsleitung nennt jeweils nur den Nachnamen oder nur den Vornamen eines der Schauspieler, die unten aufgelistet sind. Die Teilnehmer ergänzen den anderen Teil des Namens.

→ Leichter ist es für die Teilnehmer, wenn die Übungsleitung den Vornamen nennt und sie den Nachnamen ergänzen.

Schauspieler:

- Ingrid van Bergen
- Mario Adorf
- Peter Alexander
- Karlheinz Böhm
- Heinz Erhardt
- Romy Schneider
- Brigitte Bardot
- Marlon Brando
- Richard Burton
- Claudia Cardinale
- Tony Curtis
- James Dean
- Sophia Loren
- Peter Sellers
- Nadja Tiller

Quiz: Feuer

Trainingsbereiche: Wissen
Urteilen
Konzentrieren

Material: keins

Zeit: ca. 4 Minuten

Vorbereitung: keine

DURCHFÜHRUNG:

Die Übungsleitung liest die folgenden Fragen und die entsprechenden Antwortmöglichkeiten vor. Die Teilnehmenden raten die Antwort. Wenn sie nicht auf die Antwort kommen, betont die Übungsleitung nochmals, dass Raten erwünscht ist.

Quiz

1. Was ist Feuer aus chemischer Sicht?
a) eine Oxidationsreaktion (Lösung)
b) eine Stickstoffreaktion

2. Welche Methode wurde von vor industriellen Völkern nicht zum Entfachen von Feuer verwendet?
a) Funkenschlag
b) Isolation (Lösung)
c) Reibung

3. Welcher mythische Vogel verbrennt, um aus seiner Asche neu zu erstehen?
a) Phönix (Lösung)
b) Kiwi

4. Wann fand der erste olympische Fackellauf statt?
a) in der Antike
b) 1936 (Lösung)

5. Was waren die Vorgänger der Streichhölzer?
a) Ätherhölzer
b) Schwefelhölzer (Lösung)

Schwere Variante:

DURCHFÜHRUNG:

Die Übungsleitung liest zunächst nur die Fragen vor. Erst wenn die Teilnehmenden nicht von allein auf die richtige Antwort kommen, liest sie zusätzlich die Antwortmöglichkeiten vor.

Fantasiereise: Kamin

Trainingsbereiche:	Entspannung
Material:	keins
Zeit:	ca. 5 Minuten
Vorbereitung:	keine

DURCHFÜHRUNG:

Die Übungsleitung liest die folgende Fantasiereise langsam vor.

Fantasiereise: Kamin

Setzen Sie sich entspannt hin. Suchen Sie sich eine bequeme Position für Ihre Arme und Ihre Beine. Wenn Sie möchten, schließen Sie die Augen. Kommen Sie mit auf eine kleine Reise in die Welt der Fantasie.

– Pause –

Es ist ein kalter Winterabend. Wir betreten einen großen Raum. An einer Wand des Raumes befindet sich ein großer Kamin. In dem Kamin lodert ein Feuer.

– Pause –

Sie hören das beruhigende Prasseln des Feuers. Es knistert leise und beständig, während die Flammen sanft den Raum wärmen.

– Pause –

Sie nähern sich dem Kamin und atmen tief ein. Sie atmen den harzigen Geruch des verbrennenden Holzes ein.

– Pause –

Die Wärme des Feuers wärmt Ihre Glieder. Die wohlige Wärme kriecht durch Ihre Beine, Ihren Bauch und Ihre Arme.

– Pause –

Sie setzen sich in einen großen, weichen Sessel, der direkt vor dem Kamin steht. Von dem Sessel aus können Sie die Flammen des Kamins genau beobachten.

– Pause –

Sie fühlen einen tiefen inneren Frieden. Sie lauschen noch einmal dem Prasseln des Feuers. Sie riechen noch einmal den Geruch des Holzes. Sie spüren noch einmal die wohlige Wärme des Feuers.

– Pause –

Sie atmen tief ein und wieder aus. Sie fühlen sich ruhig, ausgeruht und entspannt. Sie öffnen die Augen und gehen mit neuer Kraft in den Tag.

10 Weihnachtsglück

Weihnachten ist für viele Menschen das wichtigste Fest im Jahr. Funkelnde und glitzernde Dekorationen erfreuen unser Auge. Süße Plätzchen erfreuen unseren Gaumen. Liebliche Weihnachtslieder erfreuen unser Ohren. Es ist die Zeit des Schenkens und des Beschenktwerdens. Die Zeit der Besinnung und die Zeit der Familie.

Überblick über die Bausteine für das Gedächtnistraining zu dem Thema „Weihnachtsglück"

Weihnachtgebäck und biografische Anknüpfungspunkte

Trainingsbereiche:	Mit allen Sinnen Assoziieren In Worte fassen Worte finden
Material:	Advents- und Weihnachtsgebäck, zum Beispiel: Dominosteine, Zimtsterne, Printen, Spekulatius, Mürbeteiggebäck, Stollen
Zeit:	ca. 15–20 Minuten
Vorbereitung:	Das Gebäck wird von der Übungsleitung so platziert, dass alle Teilnehmer es gut sehen können.

DURCHFÜHRUNG:

Advents- und Weihnachtsgebäck wird in die Mitte des Tischs gelegt.
Aufkeimende Gespräche können durch gezielte Fragestellungen oder das Vorlesen der Anekdote weiter angeregt werden.

Beispiele für Fragen:

- Backen Sie selbst Adventsgebäck? Oder haben Sie früher welches gebacken?
  Wenn ja:
  Welches Gebäck haben Sie gebacken?
- Haben Sie beim Backen eine Schürze getragen?
- Hatten Sie für Ausstechplätzchen eine Lieblingsform?
- Naschen Sie gerne Plätzchenteig? Oder haben Sie früher gerne Plätzchenteig genascht?
- Welches Adventsgebäck schmeckt Ihnen am besten?
- Können Sie sich den Geruch von frisch gebackenen Plätzchen ins Gedächtnis rufen?
- Wurden bei Ihnen früher Plätzchen in der Adventzeit gegessen? Oder erst zu Weihnachten?
- Wurde bei Ihnen früher der Weihnachtsbaum mit Plätzchen geschmückt?
- Haben Sie auch Plätzchen verschenkt?

Anekdote:

Diese Anekdote kann von der Übungsleitung vorgelesen werden, um bei den Teilnehmern Erinnerungen zu wecken:

Als ich noch ein Kind war, habe ich oft mit meiner Oma und meiner Cousine zusammen Plätzchen gebacken. Am liebsten haben wir Spritzgebäck gemacht. Meine Oma hat für das Spritzgebäck immer einen sehr alten Fleischwolf benutzt. Durch diesen mussten wir Kinder den Teig durchdrehen. Einer von uns hat den Teig oben reingedrückt, und der andere hat gedreht. Einmal habe ich wohl etwas zu schnell gedreht, und der Finger meiner Cousine geriet ganz kurz mit in den Fleischwolf. Sie hat sehr geweint, und weil es mir so leidtat, habe ich auch geweint. Ich weiß noch, dass unsere Oma uns hinterher erlaubt hat, ganz viel Teig zu naschen. Dann ging es uns wieder besser.

Alternative ohne Material

DURCHFÜHRUNG:

Die Teilnehmenden betrachten das folgende Bild anstelle des Materials.

Weihnachtsliedsammlung

Trainingsbereiche:	Assoziieren Worte finden Wissen
Material:	Flipchart, Tafel oder Zettel
Zeit:	ca. 8 Minuten
Vorbereitung:	keine

DURCHFÜHRUNG:

In der Teilnehmerrunde werden die Namen von Weihnachtsliedern gesammelt – so viele wie möglich. Die Lieder werden auf dem Flipchart bzw. Tafel oder Zettel notiert.

Lösungsbeispiele:

Alle Jahre wieder; Am Weihnachtsbaum die Lichter brennen; Es ist ein Ros entsprungen; Es kommt ein Schiff geladen; Ihr Kinderlein, kommet; Kling Glöckchen, klingelingeling; Kommet, ihr Hirten; Lasst uns froh und munter sein; Leise rieselt der Schnee; Macht hoch die Tür; Morgen, Kinder, wird's was geben; O du fröhliche; O Tannenbaum; Schneeflöckchen, Weißröckchen; Süßer die Glocken nie klingen; Stille Nacht; Tochter Zion; Vom Himmel hoch, da komm ich her

Kreative Geschenkideen

Trainingsbereiche:	Mit Fantasie Worte finden Assoziieren
Material:	keins
Zeit:	ca. 8 Minuten
Vorbereitung:	keine

DURCHFÜHRUNG:

Die Teilnehmenden werden gebeten, sich kreative Weihnachtsgeschenke für die folgenden drei Personen auszudenken. Die Übungsleitung liest jeweils die Informationen zu einer Person vor und lässt die Teilnehmenden Ideen sammeln:

1. Irmtrud Meyer ist 86 Jahre alt und hat schon alles. Sie liebt ihre Enkelkinder, die 5 und 8 Jahre alt sind. Ihre Abende verbringt sie gerne in ihrem Lieblingssessel vor dem Fernseher.
2. Heinz Schmid ist ein 46-jähriger Junggeselle und schraubt für sein Leben gern an Autos herum. Dies macht er allerdings nur in seiner Freizeit. Hauptberuflich ist er Versicherungsverkäufer, was ihn meistens langweilt.
3. Hanne Müller ist gerade 12 Jahre alt geworden. Sie mag Katzen, und ihre Lieblingsfarbe ist Lila. Die Zeit nach der Schule verbringt sie am liebsten auf dem Fahrrad.

Lösungsbeispiele:

Geschenkidee für …
1. Irmtrud Meyer: z. B. Kissen für ihren Sessel mit einem Kissenbezug, der von ihren Enkeln mit Stoffmalfarbe gestaltet wurde
2. Heinz Schmid: eingerahmtes Bild von seinem Lieblingsautotyp, das er auf den Schreibtisch stellen kann
3. Hanne Müller: eine lilafarbene Fahrradklingel, vielleicht mit dem Bild einer Katze

Leichte Variante:

Material: Tafel, Flipchart oder Zettel

DURCHFÜHRUNG:

Abweichend von der oben beschriebenen Durchführung: kann die Übung vereinfacht werden, indem die wichtigsten Informationen zu den Personen sichtbar für alle Teilnehmenden notiert werden. Zusätzlich können Ideen für Geschenke durch einfache Fragen angeregt werden.

1. Notizen zu Irmtrud Meyer:
86 Jahre, Oma, sieht gern fern.
Fragen, die zu Irmtrud Meyer gestellt werden können:
Was könnten die Enkelkinder selber machen, um es der Oma zu schenken?
Womit kann man es sich in einem Fernsehsessel gemütlich machen?

2. Notizen zu Heinz Schmid:
46 Jahre, Junggeselle, schraubt gern an Autos.
Fragen, die zu Heinz Schmid gestellt werden können:
Was braucht man, um an einem Auto herumzuschrauben?
Was kann man als Junggeselle gut gebrauchen?

3. Notizen zu Hanne Müller:
12 Jahre, mag Katzen, Lieblingsfarbe Lila, fährt gern Fahrrad.
Fragen, die zu Hanne Müller gestellt werden können:
Was braucht man als 12-Jährige, das lila sein kann?
Welches Zubehör gibt es für Fahrräder?

Gemeinsames Singen: „Alle Jahre wieder"

Trainingsbereiche: Musik
Entspannung

Material: auf Wunsch Liedzettel

Zeit: ca. 4 Minuten

Vorbereitung: keine

DURCHFÜHRUNG:

Das Lied „Alle Jahre wieder" wird gemeinsam angestimmt.

Alle Jahre wieder
kommt das Christuskind
auf die Erde nieder,
wo wir Menschen sind.

Kehrt mit seinem Segen
ein in jedes Haus,
geht auf allen Wegen
mit uns ein und aus.

Ist auch mir zur Seite
still und unerkannt,
dass es treu mich leite
an der lieben Hand.

Weihnachtskarten fertigschreiben

Trainingsbereiche: In Worte fassen
Worte finden
Mit Fantasie

Material: Kopien des Arbeitsblatts (Seite 220)
Stifte

Zeit: ca. 12 Minuten

Vorbereitung: Arbeitsblatt für jeden Teilnehmer kopieren

DURCHFÜHRUNG:

Verteilen Sie die Arbeitsblätter mit den Textanfängen und lassen Sie den Teilnehmern Zeit, sich passende Worte für die Grußkarten auszudenken. Jeder Teilnehmer darf seine Weihnachtsgrüße anschließend in der Runde vorstellen.

Lösungsbeispiele

1. Meine liebste Inga, ich sehne mich sehr nach dir und übersende dir zu Weihnachten die allerbesten Wünsche. Verbringe die Tage geruhsam und heiter. Ich hoffe, wir sehen uns bald gesund wieder. Herzlichst, dein/e ...

2. Lieber Hans, wir haben uns ja leider schon lange nicht gesehen. Zu Weihnachten möchte ich dir alles Gute wünschen. Sicher feierst du in froher Runde. Genieße die Zeit und komme gut ins neue Jahr. Beste Grüße, ...

3. Frohe Weihnachten! Frau Meyer, wir möchten Ihnen und Ihrer Familie ein gesegnetes Weihnachtsfest wünschen. Schöne Feiertage und ganz viel Glück und Gesundheit im neuen Jahr, Ihr/e ...

4. Zu Weihnachten merke ich besonders, dass du mir fehlst, lieber Helmuth. Darum ist es mir wichtig, dir ein wunderschönes Fest im Kreise deiner Familie zu wünschen. Gesegnete Feiertage für dich und deine Lieben und alles Gute von ...

Leichte Variante:

Material: eine oder mehrere leere Weihnachtskarten

DURCHFÜHRUNG:

Die Übungsleitung zeigt den Teilnehmern eine leere Weihnachtskarte, die verschickt werden soll. Sie lässt die Karte herumgehen und gibt den Teilnehmern Zeit, das Bild zu betrachten. Anschließend wird besprochen, an wen die Karte geschrieben werden soll. Hier bietet sich eine Person an, die alle Teilnehmenden kennen. Beispiele: der Pfarrer, der Hausmeister der genutzten Räumlichkeiten, ein Teilnehmer, der zu dem Termin nicht anwesend ist. Dann wird gemeinsam beschlossen, was in die Karte hineingeschrieben werden soll.

Kartengrüße zu Weihnachten: Vollenden Sie die Texte.

1. Meine liebste Inga,
   ich sehne mich sehr nach dir und übersende dir zu Weihnachten

2. Lieber Hans,
   wir haben uns leider lange nicht gesehen. Zu Weihnachten möchte ich dir

3. Frohe Weihnachten!
   Frau Meyer, wir möchten Ihnen und Ihrer Familie

4. Zu Weihnachten merke ich besonders, dass du mir fehlst, lieber Helmuth. Darum ist es mir wichtig,

Weihnachtliches Rückwärtsbuchstabieren

Trainingsbereiche:	Konzentrieren Wissen
Material:	keins
Zeit:	ca. 1 Minute pro Teilnehmer
Vorbereitung:	keine

DURCHFÜHRUNG:

Die Übungsleitung nennt jedem Teilnehmer reihum ein weihnachtliches Wort. Der Teilnehmer versucht, das Wort rückwärts zu buchstabieren

1. Christkind
2. Weihnachtsmann
3. Tannenbaumverkauf
4. Glühweinstand
5. Weihnachtsgottesdienst
6. Heiligabend
7. Festessen
8. Weihnachtsgebäck
9. Wunschliste
10. Lametta

Mittelschwere Variante:

DURCHFÜHRUNG:

Die Übungsleitung nennt jedem Teilnehmer reihum ein weihnachtliches Wort. Der Teilnehmer versucht, das Wort vorwärts zu buchstabieren.

Leichte Variante:

Material: Buchstabenkarten
Vorbereitung: Buchstabenkarten mehrfach kopieren und ausschneiden

DURCHFÜHRUNG:

Jeder Teilnehmer bekommt genau die Buchstabenkarten, die er braucht, um eines der weihnachtlichen Wörter daraus zu legen. Die Übungsleitung nennt jedem sein Wort, und die Teilnehmer versuchen, das Wort zu legen.

A	B	C	D
E	F	G	H
I	J	K	L
M	N	O	P
Q	R	S	T
U	V	W	X
Y	Z	Ä	Ö
Ü			

Weihnachtsgebäck: Anzahl schätzen

Trainingsbereiche:	Urteilen Wissen Konzentrieren
Material:	Teller mit Weihnachtsgebäck
Zeit:	ca. 2 Minuten
Vorbereitung:	Vorher abgezähltes Gebäck auf einem Teller anrichten und für alle sichtbar positionieren.

DURCHFÜHRUNG:

Die Übungsleitung bittet die Teilnehmer zu schätzen, wie viele Gebäckstücke sich auf dem Teller befinden.

Alternative ohne Material

DURCHFÜHRUNG:

Die Übungsleitung hält das Bild aus Baustein 1 (S. 213) kurz hoch und dreht es dann um. Sie bittet die Teilnehmer zu schätzen, wie viele Gebäckstücke ganz oder teilweise auf dem Bild zu sehen sind. (Lösung: 24)

Weihnachtsvers merken

Trainingsbereiche: Merken
Konzentrieren

Material: Flipchart, Tafel oder Zettel

Zeit: ca. 6 Minuten

Vorbereitung: Weihnachtsvers auf Flipchart, Tafel oder Zettel schreiben.

DURCHFÜHRUNG:

Die Übungsleitung liest den folgenden Weihnachtsvers einmal laut vor. Sie bittet die Teilnehmer, sich anschließend eine Minute Zeit zu nehmen und den Vers auswendig zu lernen. Dann verdeckt sie den Weihnachtsvers und sagt ihn gemeinsam mit den Teilnehmenden auswendig auf.

Weihnachtsvers

Es grünt so grün der Tannenbaum,
der kleine Hans, er glaubt es kaum:
Autos und ein Teddy-Bär,
Bücher, Spiele und noch mehr,
Geschenke hier, Geschenke da –
und das geschieht jetzt jedes Jahr?

Leichte und mittelschwere Variante:

DURCHFÜHRUNG:

Die Übungsleitung liest den Weihnachtsvers Zeile für Zeile vor und lässt die Teilnehmenden jede Zeile wiederholen. Anschließend liest sie jeweils zwei Zeilen vor und lässt die Teilnehmenden die beiden Zeilen wiederholen. Dann werden vier Zeilen vorgelesen, und die Teilnehmenden wiederholen vier Zeilen. Zum Schluss liest die Übungsleitung alle sechs Zeilen vor und lässt die Teilnehmenden alle sechs Zeilen wiederholen. Dann wird der Weihnachtsvers verdeckt, und die Teilnehmenden sagen ihn gemeinsam auswendig auf.

Weihnachtliche „Überschriften"

Trainingsbereiche: Assoziieren
Struktur und Zusammenhang
Wissen
Konzentrieren

Material: keins

Zeit: ca. 5 Minuten

Vorbereitung: keine

DURCHFÜHRUNG:

Die Übungsleitung liest jeweils vier Begriffe vor. Die Teilnehmenden versuchen gemeinsam, dazu eine passende, weihnachtliche „Überschrift" (einen Oberbegriff) zu finden.

1. Zimtsterne, Christstollen, Aniskekse, Vanillekipferl
2. Weihnachtskugeln, Strohsterne, Lametta, Lichterkette
3. Maria, Josef, Ochse, Esel
4. Adventskranz, Mistelzweig, Kerzen, Fensterbilder
5. Krippe, Gesangbuch, Kanzel, Pfarrer
6. Pute, Karpfen, Kartoffelsalat, Braten
7. Spielzeugauto, Teddy-Bär, Dreirad, Puzzle
8. Noten, Gitarre, Flöte, Stimme

Lösungsvorschläge

1. Weihnachtsgebäck
2. Christbaumschmuck
3. Krippenfiguren
4. Dekoration
5. Weihnachtsgottesdienst
6. Weihnachtsessen
7. Weihnachtsgeschenke
8. Weihnachtsmusik

Bewegungslied: „Schneeflöckchen, Weißröckchen“

Trainingsbereiche:	Bewegung Musik Mit Fantasie Assoziieren
Material:	Flipchart, Tafel oder Zettel
Zeit:	ca. 15 Minuten
Vorbereitung:	Die Übungsleitung schreibt den Liedtext auf Flipchart, Tafel oder Zettel. Unter jeder Textzeile wird etwas Platz gelassen.

DURCHFÜHRUNG:

Die Übungsleitung denkt sich gemeinsam mit den Teilnehmern Bewegungen zu dem Lied „Schneeflöckchen, Weißröckchen" aus. Die Anweisungen dazu werden unter jede Textzeile geschrieben. Das Lied wird anschließend gemeinsam gesungen, und die entsprechenden Bewegungen werden von allen gleichzeitig ausgeführt.

1. Schneeflöckchen, Weißröckchen,
   wann kommst du geschneit,
   du wohnst in den Wolken,
   dein Weg ist so weit.

2. Komm, setz dich ans Fenster,
   du lieblicher Stern,
   malst Blumen und Blätter,
   wir haben dich gern.

3. Schneeflöckchen, du deckst uns
   die Blümelein zu,
   dann schlafen sie sicher in
   himmlischer Ruh.

4. Schneeflöckchen, Weißröckchen,
   komm zu uns ins Tal,
   dann bau'n wir den Schneemann
   und werfen den Ball.

Lösungsvorschlag

Schneeflöckchen, Weißröckchen,
→ Mit den Fingern fallende Schneeflocken imitieren.

wann kommst du geschneit,
→ Mit den Fingern fallende Schneeflocken imitieren.

du wohnst in den Wolken,
→ Wolke in die Luft malen.

dein Weg ist so weit.
→ Hand über die Augen heben und in die Ferne schauen.

Komm, setz dich ans Fenster,
→ Quadrat in die Luft malen.

du lieblicher Stern,
→ Hand spreizen und als „Stern" nach vorne strecken.

malst Blumen und Blätter,
→ Blume in die Luft malen.

wir haben dich gern.
→ Arme um sich selbst schlingen.

Schneeflöckchen, du deckst uns
→ Eine flache Hand mit der anderen zudecken.

die Blümelein zu,
→ Blume in die Luft malen.

dann schlafen sie sicher
→ Die Hände zuklappen (als Kissen) und den Kopf darauflegen.

in himmlischer Ruh.
→ Hände zuklappen (als Kissen) und den Kopf darauflegen.

Schneeflöckchen, Weißröckchen,
→ Mit den Fingern fallende Schneeflocken imitieren.

komm zu uns ins Tal,
→ Mit den Fingern fallende Schneeflocken imitieren.

dann bau'n wir den Schneemann
→ Umrisse eines Schneemanns in die Luft malen.

und werfen den Ball.
→ Einen fiktiven Schneeball werfen.

Weihnachts-Abc

Trainingsbereiche: Worte finden
Konzentrieren
Wissen
Assoziieren

Material: Kopien des Arbeitsblatts (Seite 229)
Stifte

Zeit: ca. 12 Minuten

Vorbereitung: Arbeitsblatt in ausreichender Anzahl kopieren.

DURCHFÜHRUNG:

Die Übungsleitung verteilt die Arbeitsblätter. Die Teilnehmer versuchen, sie einzeln oder in Partnerarbeit auszufüllen. Anschließend werden die Lösungen gemeinsam besprochen.

Lösungen:

A → Anis
B → Bethlehem
C → Christstollen
D → Dezember
E → Engel
G → Gans
H → Hirten
J → Josef
K → Kerze
M → Morgenland
P → Printen
S → Stern
T → Tannenbaum
W → Weihnachtslieder
Z → Zimt

Was fehlt hier? Fügen Sie das passende Wort ein.
Es beginnt mit dem vorgegebenen Buchstaben.

A____________________ (bekannt als Gewürz in Sternform)

B____________________ (Geburtsort Jesu)

C____________________ (weihnachtliche Spezialität aus Hefeteig)

D____________________ (Monat, in dem Weihnachten gefeiert wird)

E____________________ (Bote Gottes)

G____________________ (Tier, das zu Weihnachten gerne gegessen wird)

H____________________ (Schäfer)

J____________________ (Vater von Jesus)

K____________________ (leuchtet auf dem Adventskranz)

M____________________ (die drei Weisen aus dem ...)

P____________________ (Spezialität aus Aachen)

S____________________ (weist den Heiligen Drei Königen den Weg)

T____________________ (steht Weihnachten geschmückt im Wohnzimmer)

W____________________ (werden Heiligabend gesungen)

Z____________________ (beliebtes Gewürz)

Wer bringt die Geschenke?

Trainingsbereiche: Wissen
Urteilen
Konzentrieren
Struktur und Zusammenhang

Material: Wortkarten (Seite 235)

Zeit: ca. 10 Minuten

Vorbereitung: Die Wortkarten mit den Ländernamen und den Namen der Geschenkeüberbringer müssen kopiert und ausgeschnitten werden. Idealerweise kann man die Karten auch laminieren – so lassen sie sich mehrfach verwenden.

DURCHFÜHRUNG:

Die Übungsleitung mischt die Karten und verteilt sie offen auf einem Tisch.
Wer bringt in welchem Land die Geschenke? Die Teilnehmer ordnen die Namen der „Geschenkeüberbringer" den richtigen Ländernamen zu. Dabei geht es nicht unbedingt ums Wissen, sondern ums Kombinieren und Raten.

Lösung

- Santa Claus: USA
- Père Noël: Frankreich
- Joulupukki: Finnland
- Father Christmas: England
- Ded Moros: Russland
- Mikołaj: Polen
- Sinterklaas: Niederlande
- Viejo Pascuero: Chile
- Santakukoru: Japan
- Szent Miklós: Ungarn

Szent Miklós	Ungarn
Santakukoru	Japan
Viejo Pascuero	Chile
Sinterklaas	Niederlande
Mikołaj	Polen
Ded Moros	Russland
Father Christmas	England
Joulupukki	Finnland
Père Noël	Frankreich
Santa Claus	USA

Weihnachtliche Liedergeschichte

Trainingsbereiche:	Entspannung Musik
Material:	keins
Zeit:	ca. 5 Minuten
Vorbereitung:	keine

DURCHFÜHRUNG:

Die Übungsleitung liest die folgende Geschichte laut vor. Immer, wenn ein Liedtitel vorkommt, stimmen die Teilnehmenden die erste Strophe des jeweiligen Weihnachtsliedes gemeinsam an.

Der 23. Dezember

Es ist der 23. Dezember, und Tom ist 8 Jahre alt. Seit Wochen hofft er, dass es in diesem Jahr weiße Weihnachten geben wird. Und tatsächlich: Als er an diesem Morgen aus dem Fenster schaut, sieht er:

Leise rieselt der Schnee.

Leise rieselt der Schnee,
still und starr ruht der See
weihnachtlich glänzet der Wald:
Freue dich, Christkind kommt bald!

Seine Mutter fragt er jeden Tag, wann denn endlich Weihnachten ist. Die Antwort seiner Mutter war bislang immer: „Bald, Tom. Bald." Doch heute ist ihre Antwort eine andere:

„Morgen Kinder wird's was geben!"

Morgen, Kinder, wird's was geben,
morgen werden wir uns freu'n!
Welch ein Jubel, welch ein Leben
wird in unserm Hause sein!
Einmal werden wir noch wach,
heißa dann ist Weihnachtstag!

BAUSTEIN 13: WEIHNACHTLICHE LIEDERGESCHICHTE

Nach dem Frühstück fährt Tom mit seinem Vater einen Weihnachtsbaum aussuchen. Die beiden brauchen lange, um den perfekten Baum zu finden. Doch dann steht er vor ihnen: Er ist perfekt gewachsen und hat eine satte, grüne Farbe. Da müssen die beiden einfach singen:

„O Tannenbaum, o Tannenbaum ..."

O Tannenbaum, o Tannenbaum,
wie grün sind deine Blätter!
Du grünst nicht nur zur Sommerszeit,
nein, auch im Winter, wenn es schneit.
O Tannenbaum, o Tannenbaum,
wie grün sind deine Blätter!

Am Abend ist Tom sehr aufgeregt und kann gar nicht einschlafen. Er hat ein bisschen Angst, dass das Christkind ihn in diesem Jahr vergisst. Schließlich muss es so vielen Kindern auf der Welt Geschenke bringen. Doch seine Mutter kann ihn beruhigen:

„Alle Jahre wieder ..."

Alle Jahre wieder
kommt das Christuskind
auf die Erde nieder,
wo wir Menschen sind.

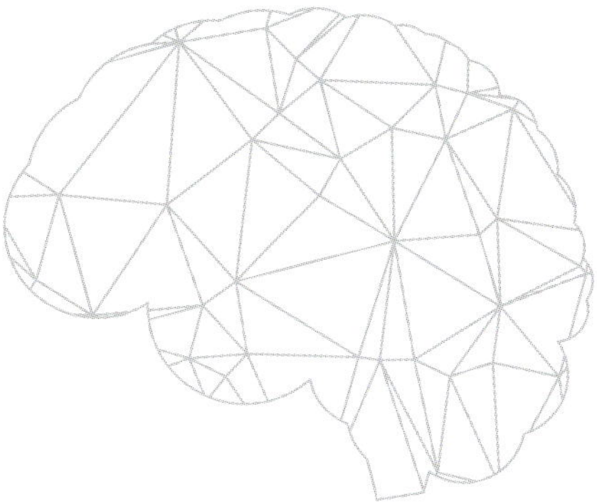

11 Schneegestöber

Von Kindern werden sie mit großen Augen herbeigesehnt: die ersten Schneeflocken. Einen Schneemann bauen, Schlitten fahren oder auf Skiern die Piste hinuntersausen – die weiße Pracht erfreut nicht nur Wintersportler. Erinnern Sie sich noch an das letzte Mal, als sie die ersten Fußspuren in frisch gefallenem Schnee hinterlassen haben?

Überblick über die Bausteine für das Gedächtnistraining zu dem Thema „Schneegestöber"

Schnee und biografische Anknüpfungspunkte

Trainingsbereiche:	Mit allen Sinnen Assoziieren In Worte fassen Worte finden
Material:	Materialien rund um das Thema Schnee, z. B. Mütze, Schal, Handschuhe, Schlittschuhe, Schneebilder
Zeit:	ca. 15–20 Minuten
Vorbereitung:	Das Material wird von der Übungsleitung so platziert, dass alle Teilnehmenden es gut sehen können.

DURCHFÜHRUNG:

Materialien rund um das Thema Schnee werden in die Mitte des Tischs gelegt. Entstehende Gespräche können durch gezielte Fragestellungen oder das Vorlesen der Anekdote (s. u.) weiter angeregt werden.

Beispiele für Fragen:

- Haben Sie früher Schneeballschlachten gemacht?
  Wenn ja:
  → Mit wem?
- Haben Sie schon einmal einen Schneemann gebaut?
  Wenn ja:
  → Mit wem?
- Sind Sie als Kind gern Schlitten gefahren?
  Wenn ja:
  → Wo?
  → Was für einen Schlitten hatten Sie?
- Kommen Sie aus einer Region, in der viel Schnee fällt?
- Sind Sie schon einmal Ski gefahren?
  Wenn ja:
  → Wo?

Anekdote:

Diese Anekdote kann vorgelesen werden, um bei den Teilnehmenden eigene Erinnerungen zu wecken.

Die Winterzeit hat für mich einen ganz besonderen Charme. Nichts mache ich lieber, als bei Neuschnee hinauszugehen, tief einzuatmen und die frische Luft in meinen Lungen zu spüren. Als Kind habe ich viele Schneeballschlachten mit meinen Freunden ausgefochten, in besonders schöner Erinnerung ist mir allerdings die heiße Milch mit Honig, die wir nach dem Toben im Schnee von meiner Mutter bekamen. Die leckere Milch wärmte nicht nur den Körper, sondern auch die Seele!

Alternative ohne Material

DURCHFÜHRUNG:

Die Teilnehmenden betrachten das folgende Bild anstelle des Materials.

Sammlung: Wörter mit „Schnee-“

Trainingsbereich:	Worte finden Assoziieren
Material:	keins
Zeit:	ca. 4 Minuten
Vorbereitung:	keine

DURCHFÜHRUNG:

Die Übungsleitung bittet die Teilnehmenden, so viele Wörter wie möglich zu finden, in denen „Schnee-“ vorkommt.

Lösungsbeispiele:

Schneemann, Neuschnee, Schneetag, Schneeball, Schneeberg, Schneeeule, Schneefall, Schneeflocke, Schneegans, Schneeballschlacht, schneeweiß, Kunstschnee, Schneeanzug, Schneeschaufel, Schneedecke, Schneeregen, Schneeschuh, Schneebesen, Schneehase, Eischnee

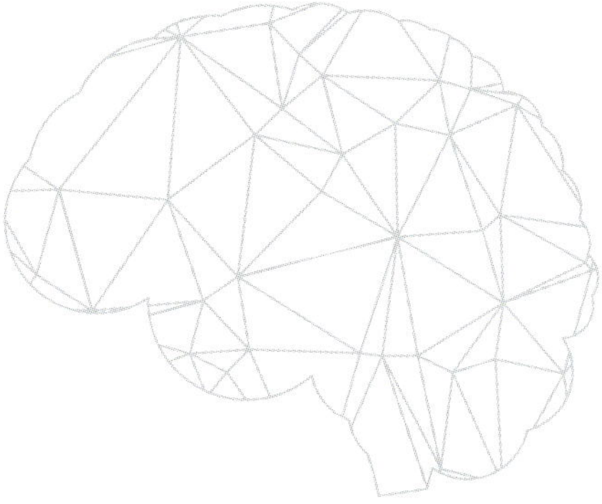

Schneemänner brauchen Nasen

Trainingsbereiche:	Mit Fantasie Worte finden Assoziieren
Material:	Flipchart Tafel Zettel
Zeit:	ca. 5 Minuten
Vorbereitung:	keine

DURCHFÜHRUNG:

Die Übungsleitung stellt den Teilnehmenden folgende Aufgabe:

→ Sie haben einen Schneemann gebaut. Leider haben Sie keine Möhre im Haus. Nennen Sie möglichst viele Dinge, die Sie außer einer Möhre als Nase für den Scheemann benutzen können. Seien Sie dabei kreativ.

Die Übungsleitung notiert die Vorschläge auf Flipchart, Tafel oder Zettel.

LÖSUNGSVORSCHLÄGE:

Kohle, Kartoffel, Stein, Gurke, Wachsmalstift, Löffel, Tannenzapfen, Aststückchen

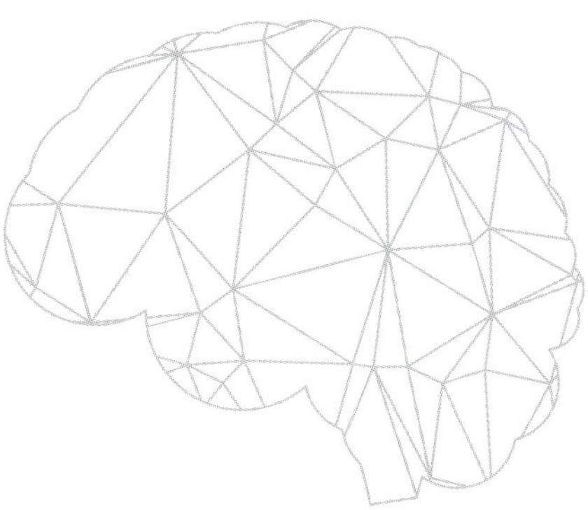

Arbeitsblatt: Was gehört nicht in die Reihe?

Trainingsbereiche:	Struktur und Zusammenhang
Material:	Kopien des Arbeitsblattes (Seite 241) Stifte
Zeit:	ca. 6 Minuten
Vorbereitung:	Arbeitsblatt in ausreichender Anzahl kopieren

DURCHFÜHRUNG:

Die Übungsleitung verteilt die Arbeitsblätter und die Stifte und bittet die Teilnehmenden, die Aufgabe zu lösen. Die Lösung wird anschließend im Plenum besprochen.

Lösung:

A) rodeln (kein Sportutensil)
B) Schlitten (nicht zum Enteisen und Schneeräumen)
C) kalt (kein Hauptwort, „kann man nicht anfassen")
D) Unterhose (keine Oberbekleidung)

Leichte Variante:

DURCHFÜHRUNG:

Die Teilnehmenden sprechen über die Begriffe auf dem Arbeitsblatt und versuchen gemeinsam, die „Außenseiter" zu finden. Bei Bedarf stellt die Gruppenleitung Fragen, die das Lösen der Aufgabe erleichtern.

Beispiele für Fragen:

Reihe A: Ist es ein Gegenstand?
Reihe B: Wofür benutzt man das?
Reihe C: Kann man das anfassen?
Reihe D: Wann zieht man das an?

Was gehört nicht in die Reihe?

Streichen Sie durch, was nicht dazugehört.

A) Skier, Schlitten, Schlittschuhe, rodeln

B) Schlitten, Schneeschaufel, Eiskratzer, Schneewanne

C) kalt, Eis, Schnee, Hagel

D) Mütze, Handschuhe, Unterhose, Schal

Reimgeschichte: „Hans baut einen Schneemann“

Trainingsbereiche:	Worte finden Assoziieren Entspannung
Material:	keins
Zeit:	ca. 5 Minuten
Vorbereitung:	keine

DURCHFÜHRUNG:

Die Übungsleitung liest die folgende Reimgeschichte vor und lässt das letzte Wort in jeder zweiten Zeile aus. Die Teilnehmenden ergänzen das fehlende Wort gemeinsam.

Hans baut einen Schneemann

Der Schnee fällt heut vom Himmel
Was für ein … **Gewimmel.**
Hans, er lächelt, freut sich leis:
Draußen ist jetzt alles … **weiß!**
Hans findet Schnee richtig gut
und weiß auch schon, was er gleich … **tut:**
Einen Schneemann will er bauen,
stattlich und hübsch anzu…**schauen.**
Eine Möhre braucht er noch,
Kohle auch – das weiß er … **doch.**
Den Besen nimmt er auch mit raus,
holt einen Hut aus seinem … **Haus.**
Mit einer Thermoskanne Tee
geht er endlich in den … **Schnee.**
Ans Werk macht Hans sich gern allein,
macht einen Schneeball klitze…**klein.**
Den rollt er ziemlich lange rum,
rundherum und rund…**herum.**
So wird er größer mit der Zeit.
Dann ist die Kugel schon … **so weit.**
Die zweite Kugel wird der Bauch,
Die rollt der Hans natürlich … **auch.**
Für den Kopf fehlt dann noch eine,
das wird aber nur 'ne … **kleine.**
Dann stapelt Hans die Kugeln noch,
macht für den Besenstil ein … **Loch,**
steckt den Besen dann auch rein.
Drückt Kohle für den Mund … **hinein.**
Und für die Schneemann-Augen auch.
Drei Knöpfe für den Schneemann…**bauch.**
Die Möhre kommt noch ins Gesicht,
einen Schal – den braucht er … **nicht.**
Auf den Kopf kommt dann der Hut,
steht dem Schneemann richtig … **gut.**
Hans denkt: „Das hab ich gut gemacht!"
Und sein Ehrgeiz ist … **entfacht.**
Was er jetzt macht, weiß er genau:
Er baut dem Schneemann eine … **Frau.**
Damit sie nicht alleine sind,
folgt danach auch noch ein … **Kind.**

Bewegungslied: „Schneeflöckchen, Weißröckchen“

Trainingsbereiche: Bewegung
Musik
Entspannung

Material: keins

Zeit: ca. 10–15 Minuten

Vorbereitung: keine

DURCHFÜHRUNG:

Die Übungsleitung spricht einmal den Text des Liedes „Schneeflöckchen, Weißröckchen“ vor und zeigt die dazugehörigen Bewegungen (s. u.). Anschließend singt die Gruppe das Lied gemeinsam und macht dazu auch die Bewegungen.
Es lohnt sich, das Bewegungslied mehrfach zu wiederholen, bis die Bewegungen flüssig durchgeführt werden können.

Schneeflöckchen, Weißröckchen

Schneeflöckchen, Weißröckchen,
wann kommst du geschneit?
(Die Fingerspitzen bewegen, vor dem Körper von oben nach unten führen und Schneeflocken imitieren.)

Du wohnst in den Wolken,
dein Weg ist so weit.
(Die Hand über die Augen halten und „in die Ferne schauen“.)

Komm, setz dich ans Fenster,
du lieblicher Stern,
(Mit einer Hand die Schneeflocken „heranwinken“.)

malst Blumen und Blätter,
wir haben dich gern.
(Beide Arme um sich selbst schlingen, eine Umarmung andeuten.)

Schneeflöckchen, du deckst uns
die Blümelein zu,
(Mit der rechten Hand eine Schneedecke in die Luft zeichnen.)

dann schlafen sie sicher
in himmlischer Ruh.
(Die Hände zu einem Kissen zusammenlegen und den Kopf schräg darauflegen.)

Schneeflöckchen, Weißröckchen,
komm zu uns ins Tal.
(Mit einer Hand die Schneeflocken „heranwinken“.)

Dann bau'n wir den Schneemann
und werfen den Ball.
(Die Silhouette eines Schneemanns in die Luft malen.)

Reimwörter finden

Trainingsbereiche:	Worte finden Konzentrieren
Material:	Flipchart, Tafel oder Zettel
Zeit:	ca. 5 Minuten
Vorbereitung:	Die Übungsleitung schreibt die untenstehende Wörterliste auf Flipchart, Tafel oder Zettel.

DURCHFÜHRUNG:

Die Teilnehmer finden gemeinsam einen oder mehrere Reime zu den Wörtern auf der Liste. Wer möchte, kann sich mit den gefundenen Reimwörtern anschließend Verse ausdenken.

Wörterliste	→	**Lösungsbeispiele**
Schnee	→	See, Fee, Tee
Ski	→	wie, nie, sie
Eis	→	Reis, Kreis, heiß
Schlitten	→	ritten, bitten, Sitten
rodeln	→	jodeln, mogeln, brodeln
Piste	→	Liste, Kiste
kalt	→	alt, Wald, Halt
Flocke	→	Socke, Glocke, Hocke

Leichte Variante:

Material: Karteikarten

DURCHFÜHRUNG:

Die Übungsleitung schreibt sowohl die Wörter aus der Liste als auch je ein Reimwort auf Karteikarten (ein Wort pro Karte). Die Karten werden gemischt und offen auf dem Tisch verteilt. Die Teilnehmenden suchen die Karten, die zusammengehören, und ordnen sie einander zu.

Anagramm: Schneegestöber

Trainingsbereiche:	Worte finden Assoziieren
Material:	Flipchart, Tafel oder Zettel
Zeit:	ca. 10 Minuten
Vorbereitung:	keine

DURCHFÜHRUNG:

Die Übungsleitung schreibt das Wort „SCHNEEGESTÖBER" in Großbuchstaben auf Flipchart, Tafel oder Zettel. Die Teilnehmenden versuchen, mit den Buchstaben dieses Wortes möglichst viele neue Wörter zu bilden.

Lösungsbeispiele:

Schnee, Gestöber, See, gestern, es, Beere, Tee, stehen, sehen, Sehne, Nest, Rebe, Eber, Rest, Gehör, Hören, Geste, Steg, Teer, Reh

Redewendungen zuordnen

Trainingsbereiche:	In Worte fassen • Worte finden • Mit Fantasie
Material:	keins
Zeit:	ca. 8 Minuten
Vorbereitung:	keine

DURCHFÜHRUNG:

In den folgenden Redewendungen kommen Schnee und Eis vor. Die Übungsleitung stellt den Teilnehmern die Aufgabe, Situationen zu erfinden, zu denen diese Redewendungen passen.

→ die Kuh vom Eis holen.
→ das ist Schnee von gestern
→ sich wie ein Schneekönig freuen

Lösungsvorschläge:

- *Die Kuh von Eis holen:*
  Lars' Ball ist in den Garten des unfreundlichen Nachbarn gefallen. Zum Glück ist er nicht zu Hause. Lars klettert blitzschnell über den Zaun und holt den Ball, bevor der Nachbar etwas merken kann.
- *Das ist Schnee von gestern:*
  Götz hat seiner Frau Irmi heute einen großen Strauß rote Rosen mitgebracht. Irmi freut sich sehr, und keiner von beiden denkt mehr an den Streit vom Vortag.
- *Sich wie ein Schneekönig freuen:*
  Frau Müller hat bei einem Gewinnspiel mitgemacht und das erste Mal in ihrem Leben etwas gewonnen: einen Urlaub in einem 5-Sterne-Hotel. Sie grinst über beide Wangen und erzählt jedem von ihrem Glück.

Leichte Variante:

Material: **Flipchart, Tafel oder Zettel**

DURCHFÜHRUNG:

Die Übungsleitung schreibt die Redewendungen auf Flipchart, Tafel oder Zettel. Sie liest die Lösungsvorschläge einzeln vor und bittet die Teilnehmenden zu entscheiden, welche Redewendung dazu passen könnte.

Pantomime: Tätigkeiten im Schnee

Trainingsbereiche: Bewegung
Wissen
Konzentrieren

Material: mehrere Zettel

Vorbereitung: Die Übungsleitung schreibt auf jeden Zettel eine Tätigkeit, die man bei Schnee, Eis und Kälte ausüben kann.
Beispiele: einen Schneemann bauen, Schnee schaufeln, einen Schneeball werfen, rodeln, Ski fahren, Schnee-Engel machen, Schlittschuh laufen, Eis kratzen (Auto) …

DURCHFÜHRUNG:

Die Zettel werden verdeckt auf dem Tisch verteilt. Jeder Teilnehmer zieht einen Zettel und versucht, die darauf genannte Tätigkeit pantomimisch darzustellen. Dabei darf er nicht reden. Die Teilnehmenden versuchen zu erraten, um welche Tätigkeit es sich handelt.

Leichte Variante:

DURCHFÜHRUNG:

Die Übungsleitung stellt die verschiedenen Tätigkeiten pantomimisch dar, und die Teilnehmenden versuchen zu erraten, was gemeint ist.

Arbeitsblatt: Schneeflocken zeichnen

Trainingsbereiche:	Merken Konzentrieren
Material:	Kopien des Arbeitsblatts Stifte
Zeit:	ca. 8 Minuten
Vorbereitung:	Arbeitsblatt in ausreichender Anzahl kopieren und in der Mitte falten (siehe gestrichelte Falzlinie).

DURCHFÜHRUNG:

Die Übungsleitung verteilt die gefalteten Arbeitsblätter. Die Abbildung der Schneeflocken zeigt nach oben. Sie bittet die Teilnehmenden, sich die Position der Blumen in dem Gitter genau einzuprägen. Nach einer Minute drehen die Teilnehmer das geknickte Arbeitsblatt um und versuchen, die Schneeflocken aus der Erinnerung möglichst ähnlich in das leere Gitter einzuzeichnen.

Leichte und mittelschwere Variante:

DURCHFÜHRUNG:

Die Übungsleitung knickt die Arbeitsblätter nicht, und die Teilnehmenden versuchen, die Umrisse der Schneeflocken direkt in das zweite Gitterraster zu übertragen.

Gemeinsames Hören: „Schneewalzer“

Trainingsbereiche:	Musik Entspannung Bewegung
Material:	CD mit dem Lied „Schneewalzer“
Zeit:	ca. 5–10 Minuten
Vorbereitung:	CD-Player mit CD bzw. Laptop bereitstellen

DURCHFÜHRUNG:

Den berühmten „Schneewalzer“ gemeinsam hören und auf Wunsch dazu schunkeln. Vielleicht möchten auch einige der Teilnehmer ein Tänzchen wagen.

Schneeflocken-Mandala malen

Trainingsbereiche:	Entspannung Mit Fantasie
Material:	Kopien des Mandalas Buntstifte
Zeit:	ca. 15 Minuten
Vorbereitung:	Mandala in ausreichender Anzahl kopieren

DURCHFÜHRUNG:

Die Übungsleitung teilt die Kopien des Mandalas aus und legt die Buntstifte in die Tischmitte. Die Teilnehmer malen das Mandala mit den Buntstiften aus.

Bildnachweis:

S. 17: Shutterstock - Kzenon
S. 18: Shutterstock - Tribalium
S. 25: Shutterstock - xactive / Shutterstock - ImagePixel / Shutterstock - chrisbrignell / Shutterstock - BABYFRUITY / Shutterstock - Stockforlife / Shutterstock - photosync
S. 37: Shutterstock - Ermolaev Alexander
S. 40: Shutterstock - Tom Pingel / Shutterstock - Mila Atkovska / Shutterstock - Dmitry Kalinovsky
S. 61: Shutterstock - Kostenko Maxim
S. 64: Shutterstock - Lermot
S. 66: Shutterstock - artpoint
S. 70: Shutterstock - Monning27
S. 78: Shutterstock - JIANG HONGYAN
S. 83: Shutterstock - Elzbieta Sekowska
S. 89: Shutterstock - Lotus_studio / Shutterstock - Smetana Natasha / Shutterstock - Elzbieta Sekowska / Shutterstock - 2kawaiiiness
S. 91: Shutterstock - Africa Studio
S. 98: Shutterstock - FS Stock / Shutterstock - Africa Studio / Shutterstock - racorn / Shutterstock - gpointstudio / Shutterstock - bokan / Shutterstock - BestPhotoStudio
S. 105: Shutterstock - Daniel Prudek
S. 107: Shutterstock - NaDo_Krasivo
S. 116: Shutterstock - Astarina
S. 118: Shutterstock - LoopAll / Shutterstock - Vladitto / Shutterstock - TanyaRozhnovskaya / Shutterstock - benchart / Shutterstock - Ludmila Ivashchenko / Shutterstock - Tiger Images / Shutterstock - Pixel Embargo / Shutterstock - Valentin Valkov / Shutterstock - schankz / Shutterstock - SVIATLANA SHEINA
S. 127: Shutterstock - Sandra van der Steen
S. 142: Shutterstock - Osetrik / Shutterstock - Nattika / Shutterstock - schankz / Shutterstock - mtkang / Shutterstock - Andrey_Kuzmin / Shutterstock - Rawpixel.com / Shutterstock - Super Prin / Shutterstock - barbaliss
S. 151: Shutterstock - Mariusz Szczygiel
S. 161: Shutterstock - Soloviova Liudmyla
S. 164: Shutterstock - Coprid
S. 175: Shutterstock - mjaud
S. 177: Shutterstock - LanaSweet
S. 178: Shutterstock - Galushko Sergey
S. 189: Shutterstock - Volosina / Shutterstock - Kovaleva_Ka / Shutterstock - Vitalina Rybakova / Shutterstock - AMilkin / Shutterstock - Olena Ukhova / Shutterstock - JIANG HONGYAN
S. 193: Shutterstock - Lovely Mandala
S. 197: Shutterstock - Marbury
S. 209: Shutterstock - Valentyn Volkov / Shutterstock - M. Unal Ozmen / Shutterstock - Rob Stark / Shutterstock - Africa Studio / Shutterstock - Andrey Shtanko / Shutterstock - GoncharukMaks / Shutterstock - Africa Studio
S. 213: Shutterstock - pilipphoto
S. 237: Shutterstock - DeltaOFF
S. 251: Shutterstock - Zinaida Zaiko
S. 253: Shutterstock - VectorA / Shutterstock - Classica2